Michel Onfray

TRATADO DE ATEOLOGIA

Física da metafísica

Tradução: Monica Stahel

wmf martinsfontes

Esta obra foi publicada originalmente em francês com o título
TRAITÉ D'ATHÉOLOGIE
por Grasset & Fasquelle, Paris.

1ª edição *2007*
2ª edição *2014*
2ª tiragem *2020*

Tradução
MONICA STAHEL

Acompanhamento editorial
Luzia Aparecida dos Santos
Revisões
Maria Fernanda Alvares
Maria Luiza Favret
Dinarte Zorzanelli da Silva
Produção gráfica
Geraldo Alves
Paginação
Moacir Katsumi Matsusaki
Capa
Victor Burton

Dados Internacionais de Catalogação na Publicação (CIP)
(Câmara Brasileira do Livro, SP, Brasil)

Onfray, Michel
Tratado de ateologia : física da metafísica / Michel Onfray ; tradução Monica Stahel. – 2. ed. – São Paulo : WMF Martins Fontes, 2014.

Título original: Traité d'athéologie.
Bibliografia.
ISBN 978-85-7827-765-9

1. Ateísmo 2. Filosofia I. Título.

13-11191 CDD-211.8

Índices para catálogo sistemático:
1. Ateísmo : Filosofia da religião 211.8

Editora WMF Martins Fontes Ltda.
Rua Prof. Laerte Ramos de Carvalho, 133 01325-030 São Paulo SP Brasil
Tel. (11) 3293-8150 e-mail: info@wmfmartinsfontes.com.br
http://www.wmfmartinsfontes.com.br

Para Raoul Vaneigem.

"A noção de 'Deus' foi inventada como antítese da vida – nela se resume, numa unidade aterradora, tudo o que é nocivo, venenoso, caluniador, todo o ódio da vida. A noção de 'além', de 'mundo verdadeiro' só foi inventada para depreciar o único mundo que há – a fim de não mais conservar para nossa realidade terrestre nenhum objetivo, nenhuma razão, nenhuma tarefa! A noção de 'alma', de 'espírito' e, no fim das contas, mesmo de 'alma imortal', foi inventada para desprezar o corpo, para torná-lo doente – 'sagrado' –, para conferir a todas as coisas que merecem seriedade na vida – as questões de alimentação, de moradia, de regime intelectual, os *cuidados aos doentes, a limpeza,* o *clima – a mais aterradora indiferença! Em vez da saúde, 'a salvação da alma' – isto é,* uma loucura circular *que vai das convulsões da penitência à histeria da redenção! A noção de 'pecado' foi inventada ao mesmo tempo que o instrumento de tortura que a completa; a noção de 'livre-arbítrio', para confundir os instintos, para fazer da desconfiança com relação aos instintos uma segunda natureza."*

NIETZSCHE, ***Ecce homo***, *Por que sou um destino*, § 8*.

* Traduzido a partir da versão francesa utilizada por M. Onfray. (N. da T.)

SUMÁRIO

bibliografia

PREFÁCIO

1
A memória do deserto

Depois de algumas horas trilhando pelas pistas do deserto mauritano, a visão de um velho pastor com dois dromedários, a jovem mulher e a sogra, a filha e os filhos montados em burros, o grupo carregado de tudo o que constitui o essencial da sobrevivência, portanto da vida, me dá a impressão de encontrar um contemporâneo de Maomé. Céu branco e abrasador, árvores calcinadas e raras, moitas de espinhos roladas pelos ventos arenosos sobre extensões infinitas de areia alaranjada, o espetáculo instala-me no ambiente geográfico – portanto mental – do Corão, nas épocas intempestivas das caravanas de camelos, dos acampamentos nômades, das tribos do deserto e de seus confrontos.

Penso nas terras de Israel e da Judéia-Samaria, em Jerusalém e Belém, em Nazaré e no lago Tiberíade, lugares em que o sol queima os rostos, resseca os corpos, assedenta as almas e gera desejos de oásis, vontades de paraísos em que a água corre, fresca, limpa, abundante, em que o ar é doce, perfumado, acariciante, em que abundam o alimento e as bebidas. Os além-mundos de repente me parecem contramundos inventados por homens cansados, exaustos, ressecados por seus trajetos reiterados nas dunas ou nas trilhas pedregosas em brasa. O monoteísmo sai da areia.

Na noite de Ouadane, a leste de Chinguetti, aonde eu fora ver as bibliotecas islâmicas enfurnadas na areia das dunas que, paciente mas infalivelmente, engolem os povoados inteiros, Abduramane – nosso motorista – estende seu tapete no chão, fora, no pátio da casa onde estamos. Estou num aposento pequeno, num colchão improvisado. A noite azul-acinzentada reluz em sua pele negra, a lua cheia aplana as cores, sua tez parece roxa. Lentamente, como que inspirado pelos movimentos do mundo, animado pelos ritmos ancestrais do planeta, ele se agacha, ajoelha, baixa a cabeça até o chão, reza. A luz das estrelas mortas nos chega no calor noturno do deserto. Tenho a impressão de assistir a uma cena primitiva, como espectador de um gesto provavelmente contemporâneo da primeira emoção sagrada dos homens. No dia seguinte, durante o trajeto, interrogo Abduramane sobre o islã. Surpreso por um branco ocidental interessar-se pelo assunto, recusa remeter-se ao texto quando se faz alguma referência a ele. Acabo de ler o Corão, com a caneta em punho, ainda guardo na cabeça alguns versículos, palavra por palavra. Sua crença não suporta que se apele a seu Livro sagrado para discutir a legitimidade de algumas teses islâmicas. Para ele, o islã é bom, tolerante, generoso, pacífico. A guerra santa? O jihad decretado contra os infiéis? As fatwas lançadas contra um escritor? O terrorismo hipermoderno? Ação de loucos, com certeza; de muçulmanos certamente não...

Não lhe agrada que um não-muçulmano leia o Corão e refira-se a esta ou aquela surata para dizer-lhe que ele tem razão quando são selecionados os versículos que o confortam, mas que há textos nesse mesmo livro que dão razão ao combatente armado cingido pela faixa verde dos seguidores da causa, ao terrorista do Hezbollah carregado de explosivos, ao aiatolá Khomeini que condena Salman Rushdie, aos camicases que lançam aviões civis contra as torres de Manhattan, aos êmulos de Bin Laden que decapitam reféns civis. Eu beiro o blasfemo... Volta ao silêncio nas paisagens devastadas pelo fogo do sol.

2
O chacal ontológico

Depois de algumas horas de silêncio, num mesmo cenário de deserto inalterado, volto ao Corão, dessa vez ao Paraíso. Ele, Abduramane, acredita naquela geografia fantástica em seus detalhes, ou como num símbolo? Os rios de leite e vinho, as huris de olhos grandes, as camas de seda e brocados, as músicas celestiais, os jardins magníficos? Sim, ele explica: *É assim*... E o Inferno, então? *Também é como está dito*... Ele, que não vive longe da santidade – atencioso e delicado, compartilhador, preocupado com os outros, doce e calmo, em paz consigo mesmo, portanto com os outros e com o mundo –, um dia conhecerá então essas delícias? *Sim, espero*... Desejo-as para ele sinceramente – mantendo em meu foro íntimo a certeza de que está enganado, de que está sendo logrado e de que infelizmente nunca conhecerá nada daquilo...

Depois de um tempo de silêncio, ele esclarece que, antes de entrar no Paraíso, deverá todavia prestar contas e que provavelmente toda a sua existência de crente piedoso não será suficiente para expiar uma falta que bem lhe poderia custar a paz da vida eterna... Um crime? Um assassínio? Um pecado mortal, como dizem os cristãos? Sim, de certo modo: certo dia, um chacal esmagado sob as rodas de seu carro... Abdu estava correndo demais, sem respeitar os limites de velocidade nas pistas do deserto – onde se vislumbra um feixe de farol a quilômetros de distância! –, não viu nada, o animal surgiu da penumbra, dois segundos depois agonizava debaixo do chassi do carro.

Se obedecesse à lei do código rodoviário, ele não teria cometido esse sacrilégio: matar um animal não havendo necessidade de se nutrir dele. Além do mais, ao que me parece, o Corão não estipula nada semelhante..., afinal não podemos ser considerados responsáveis por tudo o que nos acontece! Abduramane acredita que sim: Alá se manifesta nos detalhes, essa história prova a necessidade de se submeter, às leis, às regras, à ordem, pois qualquer transgressão, mesmo que mínima, aproxima dos infernos, ou até leva a eles diretamente...

O chacal assombrou suas noites por muito tempo, mais de uma vez o impediu de dormir, ele o via freqüentemente, em sonhos, proibindo-lhe o acesso ao Paraíso. Quando ele falava nisso, a emoção voltava. Seu pai, velho sábio nonagenário, ex-soldado da guerra de 14-18, acrescentara: evidentemente ele desrespeitara a lei, portanto deveria explicar-se no dia de sua morte. Enquanto isso, no ínfimo pus de sua vida, Abduramane deveria tentar expiar o que fosse possível. Nas portas do Paraíso, o chacal espera. O que eu não daria para que ele fosse embora e libertasse a alma daquele homem íntegro.

Pode parecer estranho aquele aspirante bem-aventurado compartilhar a mesma religião dos pilotos do 11 de Setembro! Um carrega o peso de um chacal desastradamente enviado para o cinosargo*; os outros se alegram por ter aniquilado um máximo de inocentes. O primeiro pensa que o Paraíso lhe será de difícil acesso por ter transformado em carniça um carniceiro; os segundos imaginam que merecem de fato a beatitude por terem reduzido a pó a vida de milhares de indivíduos – inclusive muçulmanos... O mesmo livro justifica, no entanto, esses dois homens que avançam nos antípodas da humanidade: um pende para a santidade, os outros *realizam* a barbárie.

3
Cartões-postais místicos

Muitas vezes vi *Deus* em minha existência. Ali, naquele deserto mauritano, sob a lua que tingia a noite com cores roxas e azuis; em frescas mesquitas de Bangasi ou de Trípoli, na Líbia, por ocasião de meu périplo a Cirene, pátria de Aristipo; não longe de Port-Louis, na ilha Maurício, em um santuário consagrado a Ganesh, o deus colorido com tromba de elefante; na sinagoga do bairro do gueto, em Veneza, com um quipá na cabeça; no coro de igrejas ortodoxas em Moscou, um caixão aberto na entrada do mosteiro de Novodievitchi, enquanto

* Local onde ficava a escola dos cínicos. Por extensão, a própria escola filosófica dos cínicos fundada por Antístenes. (N. da T.)

no interior rezavam a família, os amigos e os popes de vozes magníficas, cobertos de ouro e nimbados de incenso; em Sevilha, diante da Macarena, na presença de mulheres em lágrimas e de homens de fisionomias extáticas, ou em Nápoles, na igreja de são Januário, deus da cidade construída ao pé do vulcão, cujo sangue, segundo dizem, se liqüefaz em datas determinadas; em Palermo, no convento dos capuchinhos, desfilando diante dos oito mil esqueletos de cristãos vestidos com seus mais belos trajes; em Tbilissi, na Geórgia, onde se convida o passante para compartilhar a carne de carneiro sanguinolenta cozida na água sob as árvores nas quais os fiéis penduraram lencinhos votivos; praça de São Pedro, num dia em que eu havia ignorado o calendário: ia para rever a Sixtina, era domingo de Páscoa, João Paulo II vocalizava suas glossolalias num microfone e exibia num telão sua mitra arriada.

Vi Deus em outros lugares, também, e de outras maneiras: nas águas geladas do Ártico, quando era içado um salmão pescado por um xamã, ferido pela rede, e ritualmente devolvido ao cosmo de onde o haviam tirado; nos fundos de uma cozinha de Havana, entre uma cutia crucificada e defumada, pedras-de-raio e conchas, com um oficiante da santeria; no Haiti, num templo vodu perdido no campo, entre bacias manchadas de líqüidos vermelhos, em odores acres de ervas e cocções, cercado de desenhos feitos no templo em nome dos loas; no Azerbaijão, perto de Baku, em Surakhany, em um templo zoroastriano de adoradores do fogo; ou ainda em Quioto, nos jardins zen, excelentes exercícios para a teologia negativa.

Vi igualmente deuses mortos, deuses fósseis, deuses passados do tempo: em Lascaux, siderado pelas pinturas da gruta, ventre do mundo dentro do qual a alma vacila sob camadas imensas do tempo; em Lúxor, em câmaras reais, situadas a dezenas de metros debaixo da terra, homens com cabeça de cão, escaravelhos e gatos enigmáticos em vigília; em Roma, no templo de Mitra tauróctone, uma seita que poderia ter transformado o mundo se tivesse disposto de seu Constantino; em Atenas, escalando os degraus da Acrópole e dirigindo-me para o Pártenon, com o espírito tomado pelo lugar em que, abaixo, Sócrates encontrara Platão...

Em nenhum lugar desprezei aquele que acreditava nos espíritos, na alma imortal, no sopro dos deuses, na presença dos anjos, nos efeitos da prece, na eficácia do ritual, na legitimidade das encantações, no contato com os loas, nos milagres com hemoglobina, nas lágrimas da Virgem, na ressurreição de um homem crucificado, nas virtudes dos cauris, nas forças xamânicas, no valor do sacrifício animal, no efeito transcendental do nitro egípcio, nas moinhas de preces. No chacal ontológico. Em nenhum lugar. Mas em toda parte constatei quanto os homens fabulam para evitar olhar o real de frente. A criação de além-mundos não seria muito grave se seu preço não fosse tão alto: o esquecimento do real, portanto a condenável negligência do único mundo que existe. Enquanto a crença indispõe com a imanência, portanto com o eu, o ateísmo reconcilia com a terra, outro nome da vida.

INTRODUÇÃO

1
Em companhia de Madame Bovary

Para muitos, sem o bovarismo a vida seria um horror. Tomando-se por diferentes do que são, imaginando-se numa configuração diferente daquela do real, os homens evitam o trágico, certamente, mas passam ao lado de si mesmos. Não desprezo os crentes, não os acho ridículos nem lastimáveis, mas desespera-me que prefiram as ficções tranqüilizadoras das crianças às certezas cruéis dos adultos. A fé que tranqüiliza em vez da razão que preocupa – mesmo ao preço de um perpétuo infantilismo mental: eis uma operação de prestidigitação metafísica a um custo monstruoso!

Então sinto o que sempre sobe do mais profundo de mim quando assisto à evidência de uma alienação: uma compaixão pelos iludidos acompanhada por uma cólera violenta contra aqueles que os enganam constantemente. Não ódio pelos que se ajoelham, mas uma certeza de nunca pactuar com os que os convidam a essa posição humilhante e os mantêm nela. Quem poderia desprezar vítimas? E como não combater seus carrascos?

A miséria espiritual gera a renúncia a si mesmo; equivale às misérias sexuais, mentais, políticas, intelectuais e outras. Estranho como o espetáculo da alienação do vizinho faz sorrir aquele que passa ao lado da sua. O cristão que come peixe na sexta-feira sorri do muçulmano que recusa carne de porco – que caçoa do judeu que recusa crustáceos... O loubavitch* que cabeceia diante do muro das Lamentações vê com espanto o cristão ajoelhado num genuflexório, enquanto o muçulmano instala seu tapete de preces voltado para Meca. No entanto, nenhum deles conclui que a palha no olho do vizinho bem vale o tronco no seu. E que o espírito crítico, tão pertinente e sempre bem-vindo quando se trata dos outros, ganharia se se estendesse a seu próprio governo.

A credulidade dos homens supera o que se imagina. Seu desejo de não enxergar a evidência, sua avidez por um espetáculo mais divertido, mesmo que pertença à mais absoluta ficção, sua vontade de cegueira não conhece limites. Antes fábulas, ficções, mitos, histórias para crianças do que assistir à revelação da crueldade do real que obriga a suportar a evidência trágica do mundo. Para conjurar a morte, o homo sapiens a exclui. A fim de evitar ter que resolver o problema, ele o suprime. Ter que morrer diz respeito apenas aos mortais: o crente, ingênuo e tolo, *sabe* que é imortal, que sobreviverá à hecatombe planetária...

2
Os aproveitadores emboscados

Não recrimino os homens que consomem expedientes metafísicos para sobreviver; em contrapartida, os que organizam esse tráfico – e de passagem se cuidam – estão radical e definitivamente postados na minha frente, do outro lado da barricada existencial – vertente ideal ascético. O comércio de além-mundos dá segurança a quem os promove pois encontra para si mesmo matéria para reforçar sua necessidade de socorro mental. Assim como muitas vezes o psicanalista trata dos outros para evitar ter que se interrogar muito longamente sobre suas próprias fragilidades, o vigário dos Deuses mono-

* "Membro do movimento hassídico ligado ao ensinamento de antigos rabinos de Lioubavitchi, cidade da Bielorússia. Caracteriza-se pela piedade mística, pela observância ritual minuciosa e ostensiva e por intenso proselitismo." – *Le Petit Larousse* 2000. (N. da T.)

teístas impõe seu mundo para converter-se mais seguramente dia após dia. Método Coué...

Esconder sua própria miséria espiritual exacerbando a dos outros, evitar o espetáculo da sua teatralizando a do mundo – Bossuet, pregador emblemático! –, subterfúgios que devem ser denunciados. O crente, ainda passa; aquele que se pretende seu pastor, aí é demais! Enquanto a religião se mantém como assunto entre o indivíduo e si mesmo, trata-se afinal apenas de neuroses, psicoses e outros assuntos privados. Cada um tem as perversões que pode, e, enquanto elas não põem em perigo ou em risco a vida dos outros...

Meu ateísmo se ativa quando a crença privada torna-se assunto público e em nome de uma patologia mental pessoal organiza-se também para os outros o mundo que convém. Pois da angústia existencial pessoal à gestão do corpo e da alma dos outros há um mundo no qual se ativam, emboscados, os aproveitadores dessa miséria espiritual e mental. Desviar a pulsão de morte que os aflige para a totalidade do mundo não salva o atormentado e não muda em nada sua miséria, mas contamina o universo. Querendo evitar a negatividade, ele a estende à sua volta, depois gera uma epidemia mental.

Moisés, Paulo de Tarso, Constantino, Maomé, em nome de Javé, Deus, Jesus e Alá, suas ficções úteis, empenham-se em gerir forças sombrias que os invadem, afligem e atormentam. Projetando suas obscuridades sobre o mundo, eles o escurecem mais ainda e não se descarregam de nenhum sofrimento. O império patológico da pulsão de morte não se cura com uma difusão caótica e mágica, mas com um trabalho filosófico consigo mesmo. Uma introspecção bem conduzida obtém o recuo dos sonhos e dos delírios de que os deuses se nutrem. O ateísmo não é uma terapia mas uma saúde mental recuperada.

3
Aumentar as Luzes

Esse trabalho consigo mesmo supõe a filosofia. Não a fé, a crença, as fábulas, mas a razão, a reflexão conduzida corretamente. O obscurantismo, esse húmus das religiões, combate-se com a tradição racionalista ocidental. Um bom uso do entendimento, a condução do espírito segundo a ordem das razões, o exercício de uma verdadeira vontade crítica, a mobilização geral da inteligência, a vontade de andar em pé, são ocasiões de obter o recuo dos fantasmas. Daí um retorno ao espírito das Luzes que dão nome ao século XVIII.

Certamente haveria muito a dizer sobre a historiografia desse outro Grande Século. Tendo em mira a Revolução Francesa, os historiadores do século seguinte escrevem em sua esteira uma história singular. Em retrospecto privilegia-se o que parece produzir diretamente o acontecimento histórico recente ou contribuir intensamente para ele. As interpretações irônicas de Voltaire, Montesquieu e seus três poderes, o Rousseau do *Contrato social*, Kant e seu culto à razão, d'Alembert mestre de obras da *Enciclopédia*, etc. De fato, privilegiam-se as Luzes não mais ofuscantes que isso, Luzes apresentáveis e politicamente corretas.

Sou a favor de Luzes mais vivas, mais francas, nitidamente mais audaciosas. Pois, sob a aparente diversidade, toda essa nata comunga no deísmo. E todos combatem o ateísmo com força, ao que esses pensadores seletos acrescentam um igual e soberano desprezo pelo materialismo e pelo sensualismo – opções filosóficas constitutivas de uma ala esquerda das Luzes e de um pólo de radicalismo esquecido mas hoje suscetível de ser solicitado. Aquele que me agrada.

Kant prima nas audácias contidas. A *Crítica da razão pura* oferece em seiscentas páginas material para fazer explodir a metafísica ocidental, mas o filósofo renuncia. A separação entre fé e razão, númenos e fenômenos, consagra dois mundos separados, o que já é um progresso... Um esforço suplementar permitiria que um desses dois mundos – a razão – reivindicasse direitos sobre o outro – a fé. E que a análise não poupe a questão da crença. Pois, declarando esses dois mundos separados, a razão renuncia a seus poderes, poupa a fé, a religião está salva. Kant pode então *postular* (!) (que necessidade de tantas páginas para se reduzir a postular...) Deus, a imortalidade da alma e a existência do livre-arbítrio, três pilares de toda religião.

4
Mais uma vez, o que é as Luzes?

Conhecemos o opúsculo de Kant *O que é as Luzes?* Será ainda legível dois séculos depois? Sim. Pode-se e deve-se assinar o projeto, sempre atual: tirar os homens de sua minoridade; portanto querer os meios de realizar sua maioridade; reconduzir cada um à sua responsabilidade por seu estado de menor; ter a coragem de usar o entendimento; dar a si e aos outros os meios de alcançar o domínio de si mesmo; fazer uso público e comunitário da razão em todas as esferas, sem exceção; não tomar por verdade revelada o que provém do poder público. Projeto magnífico...

Por que é preciso então que Kant seja tão pouco kantiano? pois como permitir o acesso à idade adulta proibindo o uso da razão na esfera religiosa que tanto se rejubila em lidar com menores mentais? Pode-se pensar, certamente, é preciso ter a audácia de questionar, é claro, inclusive o percebedor ou o padre, escreve Kant – então, por que se deter em tão bom caminho? Vamos lá: antes postular a inexistência de Deus, a mortalidade da alma e a inexistência do livre-arbítrio!

Mais um esforço, portanto, para aumentar a claridade das Luzes. Um pouco mais de Luzes, Luzes mais e melhor. Contra Kant, sejamos kantiano, aceitemos a aposta da audácia a que ele nos convida sem que ele próprio a ouse – a senhora Kant mãe, pietista austera e rigorosa consumada, provavelmente deve segurar um pouco a mão do filho quando ele conclui sua *Crítica da razão pura* aplacando o potencial daquele explosivo prodigioso...

5
A imensa clareza ateológica

As Luzes que seguem Kant são conhecidas: Feuerbach, Nietzsche, Freud, entre outros. *A era da suspeita* permite ao século XX um real desacoplamento da razão e da fé, depois uma volta das armas racionais contra as ficções da crença. Enfim uma limpeza do terreno e a liberação de uma nova área. Nessa zona metafísica virgem, uma disciplina inédita pode nascer: vamos chamá-la de *ateologia*.

O termo não é um neologismo de invenção minha: nós o encontramos em Georges Bataille, que já em 1950 anuncia, numa carta a Raymond Queneau, datada de 29 de março, o desejo de reunir seus livros publicados pela editora Gallimard em três volumes com o título geral: *La Somme athéologique* [A suma ateológica]. Em 1954, Bataille propõe outro plano, alguns textos anunciados quatro anos antes não foram escritos, outros continuam sendo trabalhados, a economia interna da obra se modifica incessantemente. Um quarto tomo é anunciado: *Le pur bonheur* [A pura felicidade], depois um quinto: *Le système inachevé du non-savoir* [O sistema inacabado do não-saber]. Hoje a obra existe, mas como uma reunião de *parerga* e *paralipomena*.

A incompletude desse corpus importante, a abundância de planos e projetos, as tergiversações visíveis na correspondência sobre arquitetônica, a confissão feita por Bataille de seu desejo louco de não ser filósofo, a renúncia ao projeto de juventude que então orientava suas leituras, seu pensamento e sua escrita – fundar uma religião –, tudo isso testemunha em favor de uma empreitada deixada incólume, e isso definitivamente. Resta a ateologia, esse conceito abandonado, ele é sublime.

Deleuze e Foucault entendem os conceitos como os instrumentos de uma caixa de ferramentas à disposição de quem aspire ao trabalho filosófico. Não defendo a acepção batailliana do termo – uma vez que a palavra exigiria uma arqueologia minuciosa provavelmente destinada a oferecer apenas resultados insatisfatórios –, mas o que se pode fazer dela hoje: a via lateral da teologia, o caminho que percorre a montante o discurso sobre Deus para examinar seus mecanismos mais de perto a fim de descobrir o avesso do cenário de um teatro planetário saturado de monoteísmo. A oportunidade de uma desmontagem filosófica.

Além deste *Tratado de ateologia* liminar, a disciplina supõe a mobilização de domínios múltiplos: *psicologia* e *psicanálise* (examinar os mecanismos da função fabuladora), *metafísica* (apreender as genealogias da transcendência), *arqueologia* (fazer falar os solos e subsolos das geografias das mencionadas religiões), *paleografia* (estabelecer o texto do arquivo), obviamente *história* (conhecer as epistemes, seus estratos e seus movimentos na zona de nascimento das religiões), *comparatismo* (constatar a permanência de esquemas mentais ativos em tempos distintos e lugares distanciados), *mitologia* (pesquisar sobre os detalhes da racionalidade poética), *hermenêutica*, *lingüística*, *línguas* (pensar o idioma local), *estética* (seguir a propagação icônica das crenças). Depois a *filosofia*, evidentemente, pois ela parece a mais indicada para presidir às ordenações de todas essas disciplinas. O lance? Uma física da metafísica, portanto uma real teoria da imanência, uma ontologia materialista.

primeira parte

ATEOLOGIA

I
A ODISSÉIA DOS ESPÍRITOS FORTES

1
Deus ainda respira

Deus está morto? Ainda é preciso ver... Uma tal boa notícia teria produzido efeitos solares dos quais continuamos esperando, e em vão, a menor prova. No lugar e local de um campo fecundo descoberto por tal desaparecimento constata-se antes o niilismo, o culto do nada, a paixão pelo nada, o gosto mórbido pelo noturno dos fins de civilizações, o fascínio pelos abismos e pelos buracos sem fundo em que se perde a alma, o corpo, a identidade, o ser e todo interesse por o que quer que seja. Quadro sinistro, apocalipse deprimente...

A morte de Deus foi um artifício ontológico, número de mágica consubstancial a um século XX que vê a morte por toda parte: morte da arte, morte da filosofia, morte da metafísica, morte do romance, morte da tonalidade, morte da política. Que se decrete hoje então a morte dessas mortes fictícias! Essas notícias falsas em outros tempos serviam a alguns para cenografar paradoxos antes da virada de casaca metafísica. A morte da filosofia permitia livros de filosofia, a morte do romance gerava romances, a morte da arte obras de arte, etc. A morte de Deus, por sua vez, produziu sagrado, divino, religioso, seja o que melhor for. Hoje nadamos nessa água lustral.

Evidentemente, o anúncio do fim de Deus foi ainda mais tonitruante por ser falso... Trombetas embocadas, anúncios teatrais, rufaram tambores alegrando-se cedo demais. A época desaba sob as informações veneradas como a palavra autorizada de novos oráculos e a abundância se faz em detrimento da qualidade e da veracidade: jamais tantas informações falsas foram celebradas como verdades reveladas. Para que a morte de Deus se verificasse, seria preciso haver certezas, indícios, peças convincentes. Ora, falta tudo isso...

Quem viu o cadáver? Com exceção de Nietzsche, e olhe lá... À maneira do corpo de delito em Ionesco, teríamos sentido sua presença, sua lei, ele teria invadido, empestado, fedido, teria se desfeito pouco a pouco, dia após dia, e não teríamos deixado de assistir a uma real decomposição – também no sentido filosófico do termo. Em vez disso, o Deus invisível quando vivo continuou invisível mesmo morto. Produto publicitário... Ainda se esperam as provas. Mas quem as poderá dar? Que novo insensato para essa impossível tarefa?

Pois Deus não está morto nem moribundo – ao contrário do que pensam Nietzsche e Heine. Nem morto nem moribundo porque não mortal. Uma ficção não morre, uma ilusão não expira nunca, não se refuta um conto infantil. Nem o hipogrifo nem o centauro estão submetidos à lei dos mamíferos. Um pavão, um cavalo sim; um animal do bestiário mitológico não. Ora, Deus pertence ao bestiário mitológico, como milhares de outras criaturas repertoriadas em dicionários de inúmeras entradas, entre Deméter e Dioniso. O suspiro da criatura oprimida durará tanto quanto a criatura oprimida, equivale a dizer para sempre...

Aliás, onde ele teria morrido? Em *A gaia ciência*? Assassinado em Sils-Maria por um filósofo inspirado, trágico e sublime, obsedante, selvagem, na segunda metade do século XIX? Com que arma? Um livro, livros, uma obra? Imprecações, análises, demonstrações, refutações? A golpes de aríete ideológico? A arma branca dos escritores... Sozinho, o assassino? Emboscado? Em bando: com o abade Meslier e Sade como avós tutelares? Não seria um Deus superior o assassino de Deus se ele existisse? E esse falso crime não estará mascarando um desejo edipiano, um desejo impossível, uma irreprimível aspiração vã a cumprir uma tarefa necessária para gerar liberdade, identidade e sentido?

Não se mata um sopro, um vento, um cheiro, não se mata um sonho, uma aspiração. Deus criado pelos mortais à imagem deles hipostasiada só existe para tornar possível a vida cotidiana apesar da trajetória de todos e cada um em direção ao nada. Enquanto os homens tiverem que morrer, uma parte deles não poderá suportar essa idéia e inventará subterfúgios. Não se assassina, não se mata um subterfúgio. Seria antes ele, até, a nos matar: pois Deus mata tudo o que lhe resiste. Em primeiro lugar a Razão, a Inteligência, o Espírito Crítico. O resto segue-se por reação em cadeia...

O último deus desaparecerá com o último dos homens. E com ele o temor, o medo, a angústia, essas máquinas de criar divindades. O terror diante do nada, a incapacidade de integrar a morte como um processo natural, inevitável, com o qual é preciso compor, diante do qual só a inteligência pode produzir efeitos, mas igualmente a negação, a ausência de sentido além daquele que damos, o absurdo a priori, esses são os feixes genealógicos do divino. Deus morto suporia o nada domesticado. Estamos a anos-luz de um tal progresso ontológico...

2
O nome dos espíritos fortes

Deus durará, pois, tanto quanto as razões que o fazem existir; seus negadores também... Toda genealogia parece fictícia: não existe data de nascimento para Deus. Nem para o ateísmo prático – o discurso é outra coisa. Conjecturemos: o primeiro homem – outra ficção... – que afirma Deus deve ao mesmo tempo ou sucessivamente e alternadamente não crer nele. Duvidar coexiste com crer. O sentimento religioso provavelmente habita o mesmo indivíduo atormentado pela incerteza ou assombrado pela recusa. Afirmar e negar, saber e ignorar: um tempo para a genuflexão, outro para a rebelião, e isso em função das oportunidades de criar uma divindade ou de queimá-la...

Deus, portanto, parece imortal. Seus turiferários ganham nesse ponto. Mas não pelas razões que imaginam, pois a neurose que leva a forjar deuses resulta do movimento habitual dos psiquismos e dos inconscientes. A geração do divino coincide com o sentimento angustiado diante do vazio de uma vida que termina. Deus nasce dos enrijecimentos, das rigidezes e imobilidades cadavéricas dos membros da tribo. Diante da visão do corpo morto, as ilusões e exalações de que os deuses se nutrem adquirem cada vez mais consistência. Quando uma alma se abate diante da frieza de um ser amado, a negação se segue e transforma esse fim em começo, essa chegada em início de uma aventura. Deus, o céu, os espíritos comandam a dança para evitar a dor e a violência do pior.

E o ateu? A negação de Deus e dos além-mundos compartilha provavelmente a alma do primeiro homem que crê. Revolta, rebelião, recusa da evidência, enrijecimento diante dos decretos do destino e da necessidade, a genealogia do ateísmo parece tão simples quanto a da crença. Satã, Lúcifer, o portador de claridade – o filósofo emblemático das Luzes... –, aquele que diz não e não quer submeter-se à lei de Deus, evolui como contemporâneo desse período de partos. O Diabo e Deus funcionam como frente e verso da mesma medalha, como teísmo e ateísmo.

Mesmo assim, a palavra não é antiga na história e sua acepção precisa – posição daquele que nega a existência de Deus se não como função fabricada pelos homens para tentar sobreviver apesar da inevitabilidade da morte – tardia no Ocidente. Certamente, o ateu existe na Bíblia – Salmos (X, 4 e XIV, 1) e Jeremias (V, 12) –, mas na Antiguidade ele qualifica às vezes, até com freqüência, não aquele que não crê em Deus, mas aquele que se recusa aos deuses dominantes do momento, a suas formas socialmente adotadas. Por muito tempo o ateu caracteriza a pessoa que crê num deus próximo, estranho, heterodoxo. Não o indivíduo que esvazia o céu, mas aquele que o povoa com suas próprias criaturas...

De modo que o ateísmo serve politicamente para afastar, identificar ou atacar o indivíduo crente em um outro deus que não aquele que a autoridade do momento e do lugar invoca para assentar seu poder. Pois Deus invisível, inacessível, portanto silencioso a respeito do que se possa fazê-lo dizer ou endossar, não se rebela quando alguns se pretendem investidos por ele para falar, editar, agir em seu nome para o melhor e o pior. O silêncio de Deus permite a tagarelice de seus ministros que usam e abusam do epíteto: quem não crê no Deus deles, portanto neles, torna-se imediatamente ateu. Portanto o pior dos homens: o imoralista, o detestável, o imundo, a encarnação do mal. Deve ser preso imediatamente ou torturado, deve ser morto.

Difícil então dizer-se ateu... O indivíduo é dito ateu, e sempre na perspectiva insultante de uma autoridade preocupada em condenar. A construção da palavra aliás a define: a-teu. Prefixo de privação, a palavra supõe uma negação, uma falta, um buraco, um procedimento de oposição. Nenhum termo existe para qualificar positivamente quem não se conforma às quimeras além dessa construção lingüística que exacerba a amputação: a-teu pois, mas também descrente, a-gnóstico, in-créu, ir-religioso, in-crédulo, a-religioso, ím-pio (o a-deus não corresponde à designação!) e todas as palavras que derivam dessas: irreligião, descrença, impiedade, etc. Nada para significar o aspecto solar, afirmador, positivo, livre, forte do indivíduo instalado além do pensamento mágico e das fábulas.

O ateísmo está ligado então a uma criação verbal dos deícolas. A palavra não decorre de uma decisão voluntária e soberana de uma pessoa que se define por esse termo na história. Ateu qualifica o outro que recusa o deus local quando todos ou a maioria crêem nele. E têm interesse em crer... Pois o exercício teológico de gabinete sempre se apóia em milícias armadas. Polícias existenciais e soldados ontológicos que dispensam de refletir e convidam rapidamente a crer e com freqüência a se converter.

Baal e Javé, Zeus e Alá, Rá e Wotan, mas também Manitu devem seus patronímicos à geografia e à história: aos olhos da metafísica que os torna possíveis eles dão nomes diferentes a uma única e mesma realidade fantasística. Ora, nenhum é mais verdadeiro que o outro pois todos se movem num panteão de alegres vadios inventados onde se banqueteiam Ulisses e Zaratustra, Dioniso e Dom Quixote, Tristão e Lancelote do Lago, figuras mágicas como a Raposa dos dogons ou os loas vodus...

3
Os efeitos da antifilosofia

Em falta de nome para qualificar o inqualificável, para nomear o inominável – o louco que tem a audácia de não crer... –, fiquemos pois com *ateu*... Perífrases ou palavras existem, mas os cristícolas as forjaram e as lançaram no mercado intelectual com a mesma vontade depreciadora. Assim os *espíritos fortes* tão freqüentemente fustigados por Pascal ao longo de papeluchos costurados na aba de seu casaco, ou ainda os *libertinos*, até mesmo os *livre-pensadores* ou, entre nossos amigos belgas de hoje, os partidários do *livre exame*.

A antifilosofia – corrente do século XVIII na face sombria das Luzes que erradamente esquecemos e que no entanto deveríamos colocar sob os faróis da atualidade para mostrar o quanto a comunidade cristã não recua diante de nenhum meio, inclusive os moralmente mais indefensáveis, para desacreditar o pensamento dos temperamentos independentes que não têm a felicidade de se conformar às suas fábulas... –, a antifilosofia, então, combate com violência inominada a liberdade de pensar e a reflexão desligada dos dogmas cristãos.

Daí, por exemplo, o trabalho do padre Garasse, jesuíta sem fé nem lei que inventa a propaganda moderna em pleno "Grand Siècle" com *La Doctrine curieuse des Beaux esprits de ce temps, ou prétendus tels* [A curiosa doutrina dos belos espíritos deste tempo, ou que assim se pretendem] (1623), volume pletórico de mais de mil páginas no qual ele calunia a vida dos filósofos livres apresentados como devassos, sodomitas, ébrios, luxuriosos, glutões, pedófilos – pobre padre Charron amigo de Montaigne... – e outras qualidades diabólicas a fim de dissuadir de freqüentar essas obras progressistas. O mesmo ministro da Propaganda jesuíta comete uma *Apologie pour son livre contre les athéistes et Libertins de notre siècle* [Apologia a seu livro contra os ateístas e libertinos de nosso século] no ano seguinte. Garasse acrescenta uma camada sobre o mesmo princípio, nem um pouco asfixiado pela mentira, pela calúnia, pela vilania e pelo ataque ad hominem. O amor ao próximo não conhece limites...

De Epicuro, caluniado quando vivo pelos carolas e poderosos da época, aos filósofos livres que – às vezes sem por isso renegar o cristianismo... – não acham que a Bíblia constitui o horizonte insuperável de toda inteligência, o método produz seus efeitos ainda hoje. Além de alguns filósofos atacados e fuzilados por Garasse ainda não se terem recuperado e estarem estagnados num esquecimento deplorável, de alguns padecerem uma reputação equivocada de imoralistas e de pessoas infreqüentáveis, e de as calúnias atingirem também suas obras, o devir negativo dos ateus está encerrado por séculos... Em filosofia, *libertino* constitui ainda e sempre uma qualificação depreciativa e polêmica que proíbe qualquer pensamento sereno e digno desse nome.

Por causa do poder dominante da antifilosofia na historiografia oficial do pensamento, peças inteiras de uma reflexão vigorosa, viva, forte, mas anticristã ou irreverenciosa, ou simplesmente independente da religião dominante, permanecem ignoradas, inclusive com freqüência pelos profissionais da filosofia fora um punhado de especialistas. Quem, para falar apenas no "Grand Siècle", leu Gassendi, por exemplo? Ou La Mothe Le Vayer? Ou Cyrano de Bergerac – o filósofo, não a ficção...? Tão poucos... E no entanto Pascal, Descartes, Malebranche e outros detentores da filosofia oficial são impensáveis sem o conhecimento dessas figuras que trabalharam pela autonomia da filosofia com relação à teologia – no caso à religião judeo-cristã...

4
A teologia e seus fetiches

A penúria de palavras positivas para qualificar o ateísmo e a desconsideração dos epítetos de substituição possíveis vai de par com a abundância do vocabulário para caracterizar os crentes. Não há uma única variação sobre esse tema que não disponha de sua palavra para qualificá-la: teísta, deísta, panteísta, monoteísta, a que se pode acrescentar animista, totemista, fetichista ou ainda, diante das cristalizações históricas, católicos e protestantes, evangélicos e luteranos, calvinistas e budistas, xintoístas e muçulmanos, xiitas e sunitas, é claro, judeus e testemunhas-de-jeová, ortodoxos e anglicanos, metodistas e presbiterianos, o catálogo não tem fim...

Uns adoram as pedras – das tribos mais primitivas aos muçulmanos de hoje que giram em torno do bétilo da Caaba – , outros a lua ou o sol, alguns um Deus invisível, impossível de representar sob pena de idolatria, ou ainda uma figura antropomórfica – branca, masculina, ariana evidentemente... –, outro vê Deus em toda parte, como panteísta rematado, um outro, adepto da teologia negativa, em lugar nenhum, uma vez é adorado coberto de sangue, coroado de espinhos, cadáver, outra numa haste de capim ao modo oriental xinto: não há nenhuma facécia inventada pelos homens que não tenha sido colocada a serviço de ampliar o campo dos possíveis divinos...

Aos que ainda duvidam das extravagâncias possíveis das religiões em matéria de suportes, lembremos a dança da urina entre os zunis do Novo México, a confecção de amuletos com os excrementos do grande lama do Tibete, a bosta e a urina de vaca para as abluções de purificação entre os hinduístas, o culto de Stercorius, Crepitus e Cloacine entre os romanos – respectivamente divindades dos lixos, do peido e dos esgotos –, as oferendas de estrume feitas a Siva, Vênus assíria, o consumo dos próprios excrementos por Suchiquecal, deusa mexicana mãe dos deuses, determinada prescrição divina de utilizar as matérias fecais humanas para cozer alimentos no livro de Ezequiel e outros meios impenetráveis ou maneiras singulares de manter uma relação com o divino e o sagrado...

Diante desses nomes múltiplos, dessas práticas sem fim, dessas particularidades infinitas na maneira de conceber Deus, de pensar a ligação com ele, diante desse dilúvio de variações sobre o tema religioso, em presença de tantas palavras para dizer a incrível paixão crente, o ateu compõe com esse único e pobre epíteto para o desacreditar! Os que adoram tudo e qualquer coisa, os mesmos que, em nome de seus fetiches, justificam suas violências intolerantes e suas guerras desde sempre contra os sem-deus, esses portanto reduzem o espírito forte a ser etimologicamente apenas um indivíduo incompleto, amputado, fragmentado, mutilado, uma entidade à qual falta Deus para ser verdadeiramente...

Os adeptos de Deus dispõem até de uma disciplina inteira dedicada a examinar os nomes de Deus, seus feitos e gestos, seus ditos memoráveis, seus pensamentos, suas palavras – pois ele fala! – e suas ações, seus pensadores afiançados, seus profissionais, suas leis, seus turiferários, seus defensores, seus sicários, seus dialetas, seus retores, seus filósofos – pois é... –, seus capatazes, seus servidores, seus representantes na terra, suas instituições induzidas, suas idéias, seus ditames e outras bazófias: a teologia. A disciplina do discurso sobre Deus...

Os raros momentos na história ocidental em que o cristianismo foi corrompido – 1793 por exemplo – produziram algumas atividades filosóficas novas, portanto geraram algumas palavras inéditas rapidamente deixadas de lado. Fala-se ainda de *descristianização*, certamente, mas como historiador, para denominar o período da Revolução Francesa durante o qual os cidadãos transformam as igrejas em hospitais, em escolas, em casas para jovens, em que os revolucionários substituem as cruzes centrais por bandeiras tricolores e os crucifixos de madeira morta por árvores bem vivas. O *athéiste* dos *Essais* [Ensaios] de Montaigne, os *attaystes* das *Lettres* [Cartas] (CXXXVII) de Monluc e o *athéistique* de Voltaire logo desaparecem. O *athéiste* da Revolução Francesa também...

5
Os nomes da infâmia

A pobreza do vocabulário ateísta explica-se pela indefectível denominação histórica dos adeptos de Deus: eles dispõem dos plenos poderes políticos há mais de quinze séculos, a tolerância não é sua principal virtude e eles lançam mão de tudo para tornar a coisa impossível, portanto a palavra. *Ateísmo* data de 1532, *ateu* existe no século II da era comum entre os cristãos que denunciam e estigmatizam os *atheos*: os que não crêem em seu deus ressuscitado no terceiro dia. Daí a concluir que esses indivíduos de espírito não obstruído pelas histórias infantis não seguem deus nenhum é apenas um passo. De modo que os pagãos – eles cultuam os deuses do campo, a etimologia confirma – passam por negadores dos deuses, depois de Deus. O jesuíta Garasse representa Lutero como ateu (!), Ronsard faz o mesmo com os huguenotes...

A palavra vale como insulto absoluto, o ateu é o imoralista, o amoral, a personagem imunda da qual se torna condenável querer saber mais ou estudar os livros uma vez lançado o epíteto. A palavra basta para impedir o acesso à obra. Funciona como a engrenagem de uma máquina de guerra lançada contra tudo o que não funciona no registro da mais pura ortodoxia católica, apostólica e romana. Ateu, herege, afinal é tudo uma só coisa. Que acaba por representar muita gente!

Muito cedo Epicuro é obrigado a enfrentar acusações de ateísmo. Ora, nem ele nem os epicuristas negam a existência dos deuses: compostos de matéria sutil, numerosos, instalados nos intermundos, impassíveis, indiferentes ao destino dos homens e à marcha do mundo, verdadeiras encarnações da ataraxia, idéias da razão filosófica, modelos suscetíveis de gerar uma sabedoria na imitação, os deuses do filósofo e de seus discípulos existem mesmo – além do mais em quantidade... Mas não como os da cidade-Estado grega que convidam por meio de seus sacerdotes a se dobrar às exigências comunitárias e sociais. Este é seu único erro: sua natureza anti-social...

A historiografia do ateísmo – rara, parcimoniosa e bastante ruim... – comete pois um erro ao datá-lo dos primeiros tempos da humanidade. As cristalizações sociais invocam a transcendência: a ordem, a hierarquia – etimologicamente, o poder do sagrado... A política, a cidade-Estado podem funcionar tanto mais facilmente quanto invocam o poder vingador dos deuses supostamente representados na terra pelos dominantes que, muito oportunamente, dispõem dos comandos.

Embarcados numa empreitada de justificação do poder, os deuses – ou Deus – passam por ser os interlocutores privilegiados dos chefes de tribo, dos reis e dos príncipes. Essas figuras terrestres afirmam deter seu poder dos deuses que o confirmariam com ajuda de sinais evidentemente decodificados pela casta dos sacerdotes também ela interessada nos benefícios do exercício pretensamente legal da força. O ateísmo torna-se então uma arma útil para lançar este ou aquele, bastando que ele resista ou refugue um pouco, nas prisões, nas masmorras, até mesmo na fogueira.

O ateísmo não começa com aqueles que a historiografia oficial condena e identifica como tais. O nome de Sócrates não pode figurar decentemente numa história do ateísmo. Nem o de Epicuro e os dos seus. Tampouco o de Protágoras, que se limita a afirmar em *Sobre os deuses* que a respeito deles nada pode concluir, nem sua existência, nem sua inexistência. O que, pelo menos, define um agnosticismo, uma indeterminação, até um ceticismo, se quisermos, mas certamente não um ateísmo, que supõe uma franca afirmação da inexistência dos deuses.

O Deus dos filósofos com freqüência entra em conflito com o de Abraão, de Jesus e de Maomé. Antes de tudo porque o primeiro procede da inteligência, da razão, da dedução, do raciocínio, depois porque o segundo supõe antes o dogma, a revelação, a obediência – devido a conluio entre poderes espiritual e temporal. O Deus de Abraão qualifica antes o de Constantino, depois dos papas ou dos príncipes guerreiros muito pouco cristãos. Não tem muita coisa a ver com as construções extravagantes montadas com causas incausadas, com primeiros motores imóveis, idéias inatas, harmonias preestabelecidas e outras provas cosmológicas, ontológicas ou psicoteológicas...

Muitas vezes qualquer veleidade filosófica de pensar Deus fora do modelo político dominante torna-se ateísmo. Assim, quando a Igreja corta a língua do padre Giulio Cesare Vanini, enforca-o e depois o manda para a fogueira em Toulouse em 19 de fevereiro de 1619, ela assassina o autor de uma obra cujo título é: *Anfiteatro da eterna Providência divino-mágica, cristiano-física e não menos astrológico-católica, contra os filósofos, os ateus, os epicuristas, os peripatéticos e os estóicos* (1615).

A não ser que não se faça nenhum caso desse título – um equívoco, tendo em vista pelo menos seu comprimento explícito... – é preciso compreender que esse pensamento oximórico não rejeita a providência, o cristianismo, o catolicismo, mas em contrapartida rejeita nitidamente o ateísmo, o epicurismo e outras escolas filosóficas pagãs. Ora, tudo isso não compõe um ateu – motivo pelo qual ele é morto –, porém mais provavelmente um tipo de panteísta eclético. Seja como for, herege porque heterodoxo...

Espinosa, também ele panteísta – e com inteligência inigualada –, vê-se igualmente condenado por ateísmo, ou seja: falta de ortodoxia judaica. Em 27 de julho de 1656, os *parnassim* sediados no *mahamad* – autoridades judias de Amsterdam – lêem em hebraico, diante do arco da sinagoga, no Houtgracht, um texto de violência assustadora: acusam-no de heresias horríveis, atos monstruosos, opiniões perigosas, má conduta, e em conseqüência disso um *herem* é pronunciado – e jamais anulado!

A comunidade profere palavras de extrema brutalidade: excluído, expulso, execrado, maldito dia e noite, no sono e na vigília, entrando e saindo de casa... Os homens de Deus apelam para a cólera de sua fantasia e para sua maldição desenfreada sem limites no tempo e no espaço. Para completar o presente, os *parnassim* querem que o nome de Espinosa seja apagado da superfície do planeta e para sempre. Não deu certo...

Então os rabinos, adeptos teóricos do amor ao próximo, acrescentam a essa excomunhão a proibição de que qualquer pessoa tenha relações escritas ou verbais com o filósofo. Além disso, ninguém tem o direito de lhe prestar serviço, de se aproximar dele a menos de dois metros ou de permanecer sob o mesmo teto que ele... Proibido, é claro, ler seus escritos: na época Espinosa tem vinte e três anos, ainda não publicou nada. A *Ética* será publicada postumamente vinte e um anos depois, em 1677. Hoje ele é lido em todo o planeta...

Onde está o ateísmo de Espinosa? Em lugar nenhum. É inútil procurar em sua obra completa uma única frase que afirme a inexistência de Deus. Certamente, ele nega a imortalidade de uma alma e afirma a impossibilidade de castigo ou recompensa post mortem; enuncia a idéia de que a Bíblia é uma obra composta por diversos autores e provém de uma composição histórica, portanto não revelada; não se conforma de modo nenhum à noção de povo eleito e o afirma claramente no *Tratado teológico-político*; ensina uma moral hedonista da alegria para além do bem e do mal; não se conforma ao ódio judeo-cristão a si mesmo, ao mundo e ao corpo; embora judeu, encontra qualidades filosóficas em Jesus. Mas nada disso constitui um negador de Deus, um ateu...

A lista dos infelizes mortos em razão de ateísmo na história do planeta e que eram sacerdotes, crentes, praticantes, sinceramente convictos da existência de um Deus único, católicos, apostólicos e romanos; a dos adeptos do Deus de Abraão ou de Alá também mortos em quantidade incrível por não professarem uma fé de acordo com as normas e as regras; a dos anônimos nem mesmo rebeldes ou adversos aos poderes que invocavam monoteísmo, nem refratários, tampouco reticentes – todas essas contabilidades macabras atestam: o ateu, antes de qualificar o negador de Deus, serve para perseguir e condenar o pensamento do indivíduo liberto, mesmo que do modo mais ínfimo, da autoridade e da tutela social em matéria de pensamento e de reflexão. O ateu? Um homem livre diante de Deus – inclusive para logo negar sua existência...

II
ATEÍSMO E SAÍDA DO NIILISMO

1
A invenção do ateísmo

O cristianismo epicurista de Erasmo ou de Montaigne, o de Gassendi, cônego de Digne, o cristianismo pirroniano de Pierre Charron, teologal de Condom, écolâtre* de Bordeaux, o deísmo do protestante Bayle, o de Hobbes o anglicano acarretam para seus autores, às vezes, passarem por ímpios, ateus. Nesse caso, mais uma vez, o termo é inadequado. Crentes heterodoxos, pensadores livres, certamente, mas cristãos, filósofos livres embora cristãos por tradição, essa ampla gama permite crer em Deus sem a obrigação de uma ortodoxia apoiada em um exército, uma polícia e um poder. O autor dos *Ensaios* passa por ateu? O que dizer de sua peregrinação a Nossa Senhora de Loreto? de suas profissões de fé católicas em seu livro-mestre, de sua capela particular, de sua morte em presença de um padre no momento, dizem, da elevação? Não, toda essa nata filosófica crê em Deus...

Ora, é preciso um primeiro, um inventor, um nome próprio como marco a partir do qual seja possível afirmar: eis o primeiro ateu, o que diz a inexistência de Deus, o filósofo que o pensa, o afirma, o escreve claramente, nitidamente, sem floreios, e não com muitos subentendidos, uma infinita prudên-

* "Eclesiástico que dirigia a escola comumente ligada à catedral, mais tarde encarregado de supervisionar os professores da diocese" – *Le Dictionnaire de l'Académie Française.* (N. da T.)

cia e intermináveis contorções. Um ateu radical, audacioso, comprovado! Até mesmo orgulhoso. Um homem cuja profissão de fé – se assim posso dizer... – não se deduza, não se suponha, não proceda de hipóteses complicadas de leitores à caça de um início de peça comprobatória.

Não muito distante do arauto francamente ateu, o homem poderia chamar-se Cristóvão Ferreira, antigo jesuíta português que abjurou sob tortura japonesa em 1614. Em 1636, ano em que Descartes trabalha no *Discurso do método*, o padre, cuja fé devia ser muito frouxa a julgar pela pertinência de argumentos que lhe vieram bem na ocasião da abjuração, escreve com efeito *La supercherie dévoilée* [A fraude revelada], livrinho explosivo e radical.

Em cerca de apenas trinta páginas, ele afirma: Deus não criou o mundo; aliás o mundo nunca foi criado; a alma é mortal; não existe nem inferno, nem paraíso, nem predestinação; as crianças mortas são isentas do pecado original que, de todo modo, não existe; o cristianismo é uma invenção; o decálogo, tolice impraticável; o papa, personagem imoral e perigoso; o pagamento de missas, as indulgências, a excomunhão, as proibições alimentares, a virgindade de Maria, os reis magos, tudo lorotas; a ressurreição, conto despropositado, risível, escandaloso, uma enganação; os sacramentos, a confissão, bobagens; a eucaristia, uma metáfora; o juízo final, um delírio inacreditável...

É possível ataque mais violento e tiros de barragem mais concentrados? E o jesuíta prossegue: A religião? Invenção dos homens para garantir o poder sobre seus semelhantes. A razão? Instrumento que permite lutar contra todas essas bazófias. Cristóvão Ferreira desmonta todas essas invenções grosseiras. Então, ateu? Não. Pois em nenhum momento ele diz, escreve, afirma ou pensa que Deus não existe. E depois, para confirmar a tese de um espiritualista apesar de tudo crente, o jesuíta abjura a religião cristã, certamente, mas converte-se ao zen-budismo... O primeiro ateu não será desta vez, mas já não estamos muito longe dele...

O milagre logo virá, com um outro padre, o abade Meslier, santo, herói e mártir da causa atéia finalmente identificável! Cura de Etrépigny em Ardennes, discreto ao longo de todo o seu ministério, salvo uma altercação com o senhor do povoado, Jean Meslier (1664-1729) escreve um volumoso *Testamento* no qual achincalha a Igreja, a Religião, Jesus, Deus, mas também a aristocracia, a Monarquia, o Ancien Régime, denuncia com violência inominável a injustiça social, o pensamento idealista, a moral cristã dolorista e professa ao mesmo tempo um comunalismo anarquista, uma filosofia materialista autêntica e inaugural e um ateísmo hedonista de espantosa modernidade.

Pela primeira vez na história das idéias, um filósofo – quando haverá acordo a esse respeito? – dedica uma obra à questão do ateísmo; ele o professa, o prova, o demonstra, argumenta, cita, relata suas leituras, suas reflexões, mas apóia-se também em seus comentários do mundo como está. O título o diz claramente: *Mémoire des pensées et sentiments de Jean Meslier* [Memória dos pensamentos e sentimentos de Jean Meslier] e também seu desenvolvimento que anuncia *Des démonstrations claires et évidentes de la Vanité et de la Fausseté de toutes les Divinités et de toutes les Religions du Monde* [Demonstrações claras e evidentes da Vanidade e da Falsidade de todas as Divindades e de todas as Religiões do Mundo]. O livro é publicado em 1729, depois de sua morte, Meslier trabalhou nele uma grande parte de sua vida. A história do verdadeiro ateísmo começa...

2
A organização do esquecimento

A historiografia dominante oculta a filosofia atéia. Além do esquecimento puro e simples do abade Meslier, vagamente citado como uma curiosidade, um oximoro abstrato – um padre descrente! – quando é honrado com uma menção, procuram-se em vão as provas e as pistas de um trabalho digno desse nome em torno das figuras do materialismo francês, por exemplo: La Mettrie o furioso jubiloso, dom Deschamps o inventor de um hegelianismo comunalista, Holbach o imprecador de Deus, Helvétius o materialista voluptuoso, Sylvain Maréchal e seu *Dicionário dos ateus*, mas também os ideólogos Cabanis, Volney ou Destutt de Tracy geralmente passados em silêncio ao passo que a bibliografia do idealismo alemão transborda de títulos, trabalhos e pesquisas.

Exemplo: o trabalho do barão de Holbach não existe na Universidade; não há uma edição erudita ou científica publicada por um editor de filosofia que seja expressivo; não há trabalhos, teses ou pesquisas atuais de algum professor que tenha influência na instituição; não há obras em coleções de bolso, evidentemente, menos ainda na Pléiade – ao passo que Rousseau, Voltaire, Kant ou Montesquieu dispõem de suas edições; não há cursos ou seminários dedicados à análise e à difusão de seu pensamento; não há uma única bibliografia... Aflitivo!

A Universidade repisa sempre, para ficarmos apenas no século dito das Luzes, o contrato social rousseauniano, a tolerância voltairiana, o criticismo kantiano ou a separação dos poderes do pensador de Breda, serrotes musicais, imagens de Épinal filosóficas. E nada sobre o ateísmo de Holbach, sobre a leitura abrasiva e histórica dos textos bíblicos; nada sobre a crítica da teocracia cristã, do conluio do Estado e da Igreja, sobre a necessidade de uma separação das duas instâncias; nada sobre a autonomização do ético e do religioso; nada sobre o desmantelamento das fábulas católicas; nada sobre o comparatismo das religiões; nada sobre as críticas feitas a seu trabalho por Rousseau, Diderot, Voltaire e o bando deísta pretensamente esclarecido; nada sobre o conceito de etocracia ou a possibilidade de uma moral pós-cristã; nada sobre o poder da ciência útil para combater a crença; nada sobre a genealogia fisiológica do pensamento; nada sobre a intolerância constitutiva do monoteísmo cristão; nada sobre a necessária submissão da política à ética; nada sobre o convite a utilizar uma parte dos bens da Igreja em proveito dos pobres; nada sobre o feminismo e a crítica da misoginia católica. São teses holbachianas de surpreendente atualidade...

Silêncio sobre Meslier *o imprecador* (*O Testamento*, 1729), silêncio sobre Holbach *o desmistificador* (*O contágio sagrado* data de 1768), silêncio na historiografia igualmente sobre Feuerbach *o desconstrutor* (*A essência do cristianismo*, 1841), terceiro grande momento do ateísmo ocidental, pilar considerável de uma ateologia digna do nome: pois Ludwig Feuerbach propõe uma explicação do que é Deus. Não nega sua existência, disseca a quimera. Não se trata de modo nenhum de dizer *Deus não existe*, mas sim O *que é esse Deus em que a maioria crê?* E de responder: uma ficção, uma criação dos homens, uma fabricação que obedece a leis particulares, no caso a projeção e a hipóstase – os homens criam Deus à imagem deles invertida.

Mortais, finitos, limitados, doloridos por essas coerções, os humanos atormentados pela completude inventam uma potência dotada exatamente das qualidades opostas: com seus defeitos invertidos como os dedos de um par de luvas, fabricam as qualidades diante das quais se ajoelham e depois se prosternam. Eu sou mortal? Deus é imortal; sou finito? Deus é infinito; sou limitado? Deus é ilimitado; não sei tudo? Deus é onisciente; não posso tudo? Deus é onipotente; não sou dotado do talento de ubiqüidade? Deus é onipresente; sou criado? Deus é incriado; sou fraco? Deus encarna a Onipotência; estou na terra? Deus está no céu; sou imperfeito? Deus é perfeito; não sou nada? Deus é tudo, etc.

A religião torna-se portanto a prática de alienação por excelência: supõe a separação do homem de si mesmo e a criação de um mundo imaginário no qual a verdade se encontra ficticiamente investida. A teologia, afirma Feuerbach, é uma "patologia psíquica", a que ele opõe sua antropologia apoiada num tipo de "química analítica". Não sem humor, ele convida a uma "hidroterapia pneumática" – utilizar a água fria da razão natural contra os calores e vapores religiosos, especialmente cristãos...

Apesar dessa imensa empreitada filosófica, Feuerbach permanece um grande esquecido da história da filosofia dominante. É verdade que seu nome aparece às vezes, mas porque, nos tempos do esplendor de Althusser, o Diretor de estudos da École Normale Supérieure o elegera como elo hegeliano útil para vender seu jovem Marx e sua leitura dos *Manuscritos de 1844* e depois da *Ideologia alemã*. Foram ocasiões para Althusser preparar menos o Grand Soir* do que o exame oral de agrégation** de filosofia de seus alunos em 1967... O gênio próprio de Feuerbach desaparece sob as considerações utilitárias do professor. Às vezes o esquecimento puro e simples é melhor do que o mal-entendido ou a má e falsa reputação duradoura...

3
Terremoto filosófico

E veio Nietzsche... Depois das imprecações do cura, da desmitologização do químico – Holbach praticava geologia e ciência de alto nível –, da destruição do chefe de empresa – Feuerbach não era filósofo de profissão, recusado pela Universidade por ter publicado *Os pensamentos sobre a morte e a imortalidade* em que nega toda mortalidade pessoal mas, por meio de um casamento, proprietário de esquerda de uma fábrica de porcelana, e estimado por seus operários... –, Nietzsche aparece. Com ele, o pensamento idealista, espiritualista, judeo-cristão, dualista, ou seja, o pensamento dominante, pode finalmente se preocupar: seu monismo dionisíaco, sua lógica das forças, seu método genealógico, sua ética atéia permitem considerar uma saída do cristianismo. Pela primeira vez, um pensamento pós-cristão radical e elaborado aparece na paisagem ocidental.

* Termo criado pelos anarquistas utópicos para designar a revolução social que marcaria o final do capitalismo. (N. da T.)

** Concurso para obtenção do título de *agrégé*, ou seja, professor agregado a uma universidade. (N. da T.)

Por gracejo (?), Nietzsche escreve em *Ecce homo* que ele divide a história em dois e que à maneira de Cristo há um antes e um depois dele... Faltam ao filósofo de Sils-Maria seu Paulo e seu Constantino, seu viajante comercial histérico e seu imperador planetário para transformar sua conversão em metamorfose do universo. O que não é de modo nenhum desejável, historicamente falando. A dinamite de seu pensamento representa um perigo grande demais para os brutos que sempre são os atores da história concreta.

Mas, no terreno filosófico, o pai de Zaratustra tem razão: antes e depois de *Além do bem e do mal* e de *O Anticristo*, já não é o mesmo mundo ideológico. Nietzsche abre uma brecha no edifício judeo-cristão. Sem realizar sozinho toda a tarefa ateológica, ele finalmente a torna possível. Daí a utilidade de ser nietzschiano. Como assim? Ser nietzschiano – o que não significa ser Nietzsche como crêem os imbecis... – exclui retomar por conta própria as teses principais do filósofo da serpente: o ressentimento, o eterno retorno, o super-homem, a vontade de poder, a fisiologia da arte e outros grandes momentos do sistema filosófico. Nenhuma necessidade – qual o interesse? – de se tomar por ele, de se acreditar Nietzsche, e de ser obrigado a endossar e depois assumir todo o seu pensamento. Só os espíritos tacanhos imaginam isso...

Ser nietzschiano supõe pensar a partir dele, na própria medida em que a empreitada da filosofia foi transfigurada por sua passagem. Ele apelava para discípulos infiéis que, só por sua traição, provariam sua fidelidade, ele queria pessoas que lhe obedecessem seguindo apenas a si mesmas e a ninguém mais, nem mesmo a ele. Principalmente não a ele. O camelo, o leão e a criança de *Assim falou Zaratustra* ensinam uma dialética e uma poética a serem praticadas: conservá-lo e ultrapassá-lo, lembrar-se de sua obra, certamente, mas sobretudo apoiar-se nela como se busca apoio numa imensa alavanca para deslocar as montanhas filosóficas.

Daí uma empreitada nova e superior para o ateísmo: Meslier negou qualquer divindade, Holbach desmontou o cristianismo, Feuerbach desconstruiu Deus, Nietzsche revela a transvaliação: o ateísmo não deve funcionar somente como um fim. Suprimir Deus, certamente, mas para fazer o quê? Uma outra moral, uma nova ética, valores inéditos, impensados pois impensáveis, eis o que permitem a realização e a ultrapassagem do ateísmo. Tarefa temível e que virá.

O Anticristo conta o niilismo europeu – sempre o nosso... – e propõe uma farmacopéia para essa patologia metafísica e ontológica de nossa civilização. Nietzsche dá suas soluções. Nós as conhecemos, apresentam mais de um século de existência e de mal-entendidos. Ser nietzschiano é propor outras hipóteses, novas, pós-nietzschianas, mas integrando sua luta nas alturas. As formas do niilismo contemporâneo apela mais do que nunca a uma transvaliação que ultrapasse, finalmente, as soluções e as hipóteses religiosas ou laicas provenientes dos monoteísmos. Zaratustra deve retomar a função: só o ateísmo possibilita sair do niilismo.

4
Ensinar o fato ateu

Enquanto o 11 de Setembro visto pelos Estados Unidos, portanto pelo Ocidente, intima todos e cada um a escolher seu campo na guerra religiosa que oporia o judeo-cristianismo e o islã, pode-se desejar escapar aos termos da alternativa colocados pelos protagonistas e optar por uma posição nietzschiana: nem judeo-cristão, nem muçulmano, pela boa razão de que esses beligerantes continuam sua guerra religiosa iniciada a partir das exortações dos judeus dos Números – originalmente intitulados o “Livro de guerra do Senhor” – e constitutivos da Torah, que justifica o combate sanguinário contra os inimigos, até as variações recorrentes sobre esse tema no Corão, a massacrar os infiéis. Ou seja afinal perto de vinte e cinco séculos de apelos ao crime *de ambas as partes*! Lição de Nietzsche: entre os três monoteísmos, pode-se não querer escolher. E não optar por Israel e pelos EUA não obriga de fato a se tornar companheiro de estrada dos talibãs...

O Talmud e a Torah, a Bíblia e o Novo Testamento, o Corão e os Hadith não parecem garantias suficientes para que o filósofo escolha entre a misoginia judaica, cristã ou muçulmana, para que opte contra a carne de porco e o álcool mas pelo véu ou pela burca, que ele freqüente a sinagoga, o templo, a igreja ou a mesquita, lugares todos em que a inteligência vai mal e onde há séculos prefere-se a obediência aos dogmas e a submissão à Lei – portanto os que afirmam ser os eleitos, os enviados e a palavra de Deus.

No momento em que se coloca a questão do ensino do fato religioso na escola sob pretexto de criar vínculo social, de reagregar uma comunidade em abandono – por causa de um liberalismo que produz a negatividade no dia-a-dia, lembremos... –, de gerar um novo tipo de contrato social, de reencontrar origens comuns – monoteístas no caso –, parece-me preferível o ensino do fato ateu. Antes a *Genealogia da moral* do que as epístolas aos coríntios.

O desejo de fazer entrar de novo pela janela a Bíblia e outras quinquilharias monoteístas que vários séculos de esforços filosóficos fizeram sair pela porta – entre os quais as Luzes e a Revolução Francesa, o socialismo e a Comuna, a esquerda e a Frente Popular, o espírito libertário e Maio de 68, e também Freud e Marx, a Escola de Frankfurt e a da suspeita dos nietzschianos de esquerda franceses... –, é propriamente e etimologicamente consentir no pensamento reacionário. Não ao modo de Joseph de Maistre, Louis Bonald ou Blanc de Saint-Bonnet – evidentes demais –, mas ao modo, gramsciano, da volta dos ideais diluídos, dissimulados, travestidos, hipocritamente reativados do judeo-cristianismo.

Não se elogiam claramente os méritos da teocracia, não se assassina 1789 – ainda que... –, não se publica abertamente uma obra intitulada *Do papa* para celebrar a excelência do poder político do soberano pontífice, mas estigmatiza-se o indivíduo, a ele negam-se direitos e infligem-se deveres em profusão, celebra-se a coletividade contra a mônada, invoca-se a transcendência, dispensam-se o Estado e seus parasitas de prestar contas sob pretexto de sua extraterritorialidade ontológica, negligencia-se o povo e qualifica-se como populista e demagogo quem quer que se preocupe com ele, desprezam-se os intelectuais e os filósofos que fazem seu trabalho e resistem, a lista poderia continuar...

Nunca tanto quanto hoje o que o século XVIII conhecia sob o nome de "antifilosofia" teve tamanha vitalidade: a volta do religioso, a prova de que Deus não morreu mas apenas esteve sonolento por algum tempo e de que seu despertar anuncia dias seguintes desencantadores, tudo isso obriga a retomar posições que se acreditava terem findado e a voltar ao campo de luta ateu. O ensino do fato religioso leva o lobo de volta ao curral. O que os padres já não podem cometer abertamente eles poderiam passar a fazer dissimuladamente, ensinando as fábulas do Velho e do Novo Testamentos, transmitindo as ficções do Corão e dos Hadith sob pretexto de permitir que os alunos cheguem mais facilmente a Marc Chagall, à *Divina comédia*, à Capela Sixtina ou à música de Ziyrab...

Ora, as religiões deveriam ser ensinadas nos cursos já existentes – filosofia, história, literatura, artes plásticas, línguas, etc. – como se ensinam protociências: por exemplo a alquimia nos cursos de química, a fitognomônica e a frenologia em ciências naturais, o totemismo e o pensamento mágico em filosofia, a geometria euclidiana em matemática, a mitologia em história... Ou como contar epistemologicamente de que maneira o mito, a fábula, a ficção, a desrazão precedem a razão, a dedução e a argumentação. A religião procede de um modo de racionalidade primitivo, genealógico e datado. Reativar essa história de antes da história induz o atraso, até mesmo a perda da história de hoje e de amanhã.

Ensinar o fato ateu suporia uma arqueologia do sentimento religioso: o medo, o temor, a incapacidade de olhar a morte de frente, a impossível consciência da incompletude e da finitude nos homens, o papel maior e motor da angústia existencial. A religião, criação de ficções, exigiria uma desmontagem em boa e devida forma desses placebos ontológicos – como em filosofia se aborda a questão da feitiçaria, da loucura e das margens para produzir e circunscrever uma definição da razão.

5
Tectonismo das placas

Vivemos ainda numa etapa teológica ou religiosa da civilização. Sinais mostram movimentos que se assemelham a um tectonismo das placas: aproximações, afastamentos, movimentos, encavalamentos, rachaduras. O *continente pré-cristão* existe como tal: da mitologia dos pré-socráticos ao estoicismo imperial, de Parmênides a Epicteto, o setor pagão aparece nitidamente desenhado. Entre este e o *continente cristão*, identificam-se zonas de turbulências: dos milenarismos proféticos do século II da era comum à decapitação de Luís XVI (janeiro de 1793) que marca o fim manifesto da teocracia, a geografia parece igualmente coerente; dos Padres da Igreja ao deísmo laico das Luzes, a lógica parece evidente.

Esse terceiro tempo para o qual nos encaminhamos – um *continente pós-cristão* – funciona da mesma maneira que o que separa os continentes pagão e cristão. O fim do pré-cristão e o início do pós-cristão assemelham-se estranhamente: mesmo niilismo, mesmas angústias, mesmos jogos dinâmicos entre conservantismo, tentação reacionária, desejo do passado, religião de imobilidade e progressismo, positivismo, gosto pelo futuro. A religião assume o papel filosófico da nostalgia; a filosofia, o da futurição.

As forças que estão em jogo são facilmente identificáveis: não judeo-cristianismo ocidental, progressista, esclarecido, democrático contra islã oriental, passadista, obscurantista, mas monoteísmos de ontem contra ateísmo de amanhã. Não Bush contra Bin Laden, mas Moisés, Jesus, Maomé e suas religiões do Livro contra o barão de Holbach, Ludwig Feuerbach, Friedrich Nietzsche e suas fórmulas filosóficas de desconstrução radicais dos mitos e ficções.

O pós-cristão vai se desdobrar historicamente como o fez o pré-cristão: o continente monoteísta não é insubmergível. A religião do Deus único não pode tornar-se – como outrora o comunismo para alguns, ou para outros o liberalismo hoje... – o horizonte insuperável da filosofia e da história pura e simples. Como uma era cristã sucedeu uma era pagã, uma era pós-cristã se sucederá, inevitavelmente. O período de turbulências no qual nos encontramos indica que a hora é das recomposições continentais. Daí o interesse de um projeto ateológico.

III

A CAMINHO DE UMA ATEOLOGIA

1

Espectrografia do niilismo

A época parece atéia, mas apenas aos olhos dos cristãos ou dos crentes. De fato, ela é niilista. Os devotos de ontem e de anteontem têm todo o interesse em fazer passar o pior e a negatividade contemporânea por um produto do ateísmo. Persiste a velha idéia do ateu imoral, amoral, sem fé nem lei ética. O lugar-comum para o último ano do colegial segundo o qual "se Deus não existe, então tudo é permitido" – refrão extraído de *Os irmãos Karamazov* de Dostoiévski – continua produzindo efeitos, e de fato a morte, o ódio e a miséria são associados a indivíduos que invocariam a ausência de Deus para cometer seus crimes. Essa tese equivocada merece ser bem e devidamente desmontada. Pois o inverso me parece bem mais verdadeiro: "Porque Deus existe, então tudo é permitido..." Eu explico. Três milênios testemunham, dos primeiros textos do Velho Testamento até hoje: a afirmação de um Deus único, violento, ciumento, briguento, intolerante, belicoso gerou mais ódio, sangue, mortes, brutalidade do que paz... A fantasia judaica do povo eleito que legitima o colonialismo, a expropriação, o ódio, a animosidade entre os povos, depois a teocracia autoritária e armada; a referência cristã dos mercadores do Templo ou de um Jesus paulino que afirma vir para trazer a espada, que justifica as Cruzadas, a

Inquisição, as guerras religiosas, a Noite de São Bartolomeu, as fogueiras, o Índex, mas também o colonialismo planetário, os etnocídios norte-americanos, o apoio aos fascismos do século XX e a onipotência temporal do Vaticano há séculos nos menores detalhes da vida cotidiana; a reivindicação clara em quase todas as páginas do Corão de um apelo a destruir os infiéis, sua religião, sua cultura, sua civilização mas também os judeus e os cristãos – em nome de um Deus misericordioso! São todas pistas para desvendar a idéia de que, justamente, por causa da existência de Deus tudo é permitido – nele, por ele, em seu nome, sem que os fiéis, nem o clero, nem o populacho, nem as altas esferas tenham o que contestar...

Se a existência de Deus, independentemente de sua forma judaica, cristã ou muçulmana, prevenisse um pouco que fosse do ódio, da mentira, da violação, da pilhagem, da imoralidade, da concussão, do perjúrio, da violência, do desprezo, da maldade, do crime, da corrupção, da intriga, do falso testemunho, da depravação, da pedofilia, do infanticídio, da crápula, da perversão, ter-se-iam visto não os ateus – uma vez que são intrinsecamente viciosos –, mas os rabinos, os padres, os papas, os bispos, os pastores, os imãs, e com eles seus fiéis, praticar o bem, esmerar-se na virtude, mostrar o exemplo e provar aos perversos sem Deus que a moralidade está de seu lado: eles que respeitem escrupulosamente o decálogo e obedeçam à exortação de suratas selecionadas, portanto não mintam nem pilhem, não roubem nem violem, não dêem falso testemunho nem matem – e menos ainda fomentem atentados terroristas a Manhattan, expedições punitivas à faixa de Gaza ou dêem cobertura às ações de seus padres pedófilos. Ver-se-iam então os fiéis à sua volta transformarem-se por seus comportamentos radiosos, exemplares! Em vez disso...

Deixe-se portanto de associar o mal no planeta ao ateísmo! A existência de Deus, parece-me, gerou em seu nome muito mais batalhas, massacres, conflitos e guerras na história do que paz, serenidade, amor ao próximo, perdão dos pecados ou tolerância. Que eu saiba os papas, os príncipes, os reis, os califas, os emires em sua maioria não brilharam na virtude, e já Moisés, Paulo e Maomé esmeravam-se respectivamente, por sua vez, em assassínios, espancamentos ou saques – as biografias o testemunham. São todas variações sobre o tema do amor ao próximo...

A história da humanidade mostra sem nenhuma dúvida as prosperidades do vício e as desgraças da virtude... Não existe mais justiça transcendente do que imanente. Deus ou não, nenhum homem jamais teve de pagar por tê-lo insultado, ignorado, desprezado, esquecido ou contrariado! Os teístas têm muito o que fazer em termos de contorções metafísicas para justificar o mal no planeta afirmando ao mesmo tempo a existência de um Deus a quem nada escapa! Os deístas parecem menos cegos, os ateus parecem mais lúcidos.

2
Uma episteme judeo-cristã

A época em que vivemos portanto não é atéia. Também não parece ainda pós-cristã, ou muito pouco. Em contrapartida, continua sendo cristã, e muito mais do que parece. O niilismo provém das turbulências registradas na zona de passagem entre o judeo-cristão ainda muito presente e o pós-cristão que desponta modestamente, tudo num ambiente em que se entrecruzam a ausência dos deuses, sua presença, sua proliferação, sua multiplicidade extraordinária e sua extravagância. O céu não está vazio, mas ao contrário cheio de divindades fabricadas dia a dia. A negatividade procede do niilismo consubstancial à coexistência de um judeo-cristianismo deliqüescente e de um pós-cristão ainda no limbo.

À espera de uma era francamente atéia, devemos contar e compor com uma episteme judeo-cristã muito pregnante. Tanto mais que as instituições e os capatazes que a encarnaram e transmitiram durante séculos já não dispõem de uma exposição e de uma visibilidade que os torne identificáveis. A extinção da prática religiosa, a aparente autonomia da ética com relação à religião, a pretensa indiferença com respeito às exortações papais, as igrejas vazias no domingo – mas não para os casamentos, menos ainda para os enterros... –, a separação entre a Igreja e o Estado, todos esses sinais dão a impressão de uma época indiferente à religião.

Atenção... Talvez nunca essa aparente extinção tenha escondido a presença forte, potente e determinante do judeo-cristianismo. O desapego da prática não comprova o recuo da crença. Melhor: a correlação entre o fim de uma e o desaparecimento da outra é um erro de interpretação. Pode-se até pensar que o fim do monopólio dos profissionais da religião sobre o religioso libertou o irracional e gerou maior profusão de sagrado, de religiosidade e de submissão generalizada à desrazão.

A retração das tropas judeo-cristãs não modifica em nada seu poder e seu império sobre os territórios conquistados, conservados e administrados por elas há quase dois milênios. A terra é uma aquisição, a geografia um testemunho de uma presença antiga e de uma infusão ideológica, mental, conceitual, espiritual. Mesmo ausentes, os conquistadores continuam presentes pois conquistaram os corpos, as almas, as carnes, os espíritos da maioria. Seu recuo estratégico não significa o fim de seu império efetivo. O judeo-cristianismo deixava atrás de si uma episteme, um pedestal sobre o qual se efetua toda troca mental e simbólica. Sem o Padre nem sua sombra, sem os religiosos nem seus turiferários, os indivíduos permanecem submissos, fabricados, formatados por dois milênios de história e de dominação ideológica. Daí a permanência e a atualidade de um combate contra essa força ainda mais ameaçadora por dar a impressão de caduca.

Decerto mais gente não acredita na transubstanciação, na virgindade de Maria, na imaculada concepção, na infalibilidade papal e em outros dogmas da Igreja católica, apostólica e romana. A presença efetiva e não simbólica do corpo de Cristo na hóstia ou no cálice? A existência de um Inferno, de um Paraíso ou de um Purgatório com geografias associadas e lógicas próprias? A existência do Limbo em que estagna a alma das crianças mortas antes do batismo? Ninguém mais aceita essas tolices, mesmo e sobretudo entre muitos católicos fervorosos de missas dominicais...

Onde então reside o substrato católico? Onde uma episteme judeo-cristã? Na idéia de que a matéria, o real e o mundo não esgotam a totalidade. De que *alguma coisa* reside fora das instâncias explicativas dignas desse nome: uma força, uma potência, uma energia, um determinismo, uma vontade, um querer. Depois da morte? Não, certamente nada, mas *alguma coisa*... Para explicar o que sucede: uma série de causas, de encadeamentos racionais e dedutíveis? Não totalmente, *alguma coisa* transborda da série lógica. O espetáculo do mundo: absurdo, irracional, ilógico, monstruoso, insensato? Certamente não... *Alguma coisa* deve existir que justifique, legitime, faça sentido. Senão...

Essa crença em *alguma coisa* gera uma superstição vivaz que explica que, à falta de outra, o europeu aceita a religião dominante – de seu rei, de sua ama-de-leite escreve Descartes... – do país em que ele nasce. Montaigne afirma que se é cristão como picardo ou bretão! E muitos indivíduos que se acreditam ateus professam sem perceber uma ética, um pensamento, uma visão de mundo impregnadas de judeo-cristianismo. Entre o sermão de um padre sincero sobre a excelência de Jesus e os elogios a Cristo feitos pelo anarquista Kropotkin em *A Ética*, procuramos em vão o abismo, até mesmo o fosso...

O ateísmo supõe a conjuração de toda transcendência. Sem omissão. Ele obriga igualmente a uma superação das aquisições cristãs. Pelo menos a um direito de inventário, a um livre exame das virtudes apresentadas como tais e dos vícios afirmados peremptoriamente. A tábua rasa laica e filosófica dos valores da Bíblia e sua conservação, depois seu uso, não são suficientes para produzir uma ética pós-cristã.

Em *A religião nos limites da simples razão* Kant propõe uma ética laica. Leia-se esse texto da maior importância para a constituição de uma moral laica na história da Europa e nele se descobrirá a formulação filosófica de um inextinguível legado judeo-cristão. A revolução se identifica na forma, no estilo, no vocabulário, ela parece evidente diante do modo e da aparência, sim. Mas em que diferem a ética cristã e a de Kant? Em nada... A montanha kantiana pare um camundongo cristão.

Rimos das resoluções do papa sobre a condenação do preservativo? Mas ainda se casa muito na igreja – para agradar às próprias famílias e às famílias do cônjuge afirmam os hipócritas. Sorrimos ao ler o *Catecismo* – pelo menos se temos a curiosidade de folheá-lo...? Mas registra-se um número ínfimo de enterros civis... Caçoamos dos curas e de suas crenças? Mas eles são solicitados para as bênçãos, essas indulgências modernas que reconciliam os tartufos dos dois lados: os solicitantes compõem com os que estão à sua volta e, na mesma ocasião, os oficiantes recuperam alguns clientes...

3
Traços do império

Michel Foucault denominava episteme o dispositivo invisível mas eficaz de discurso, de visão das coisas e do mundo, de representação do real que trancam, cristalizam e endurecem uma época em representações imóveis. A episteme judeocristã denomina o que, desde as crises de histeria de Paulo de Tarso no caminho de Damasco até as intervenções planetariamente televisadas de João Paulo II na praça de São Pedro, constitui um império conceitual e mental difuso no conjunto das engrenagens de uma civilização e de uma cultura. Dois exemplos, entre uma multidão possível, para ilustrar minha hipótese da impregnação: o corpo e o direito.

A carne ocidental é cristã. Inclusive a dos ateus, dos muçulmanos, dos deístas, dos agnósticos educados, criados ou formados na zona geográfica ou ideológica judeo-cristã... O corpo que habitamos, o esquema corporal platônico-cristão que herdamos, a simbólica dos órgãos e suas funções hierarquizadas – a nobreza do coração e do cérebro, a trivialidade das vísceras e do sexo, neurocirurgião contra proctologista... –, a espiritualização e a desmaterialização da alma, a articulação de uma matéria pecaminosa e de um espírito luminoso, a conotação ontológica dessas duas instâncias artificialmente opostas, as forças perturbadoras de uma economia libidinal moralmente apreendida, tudo isso estrutura o corpo a partir de dois mil anos de discursos cristãos: a anatomia, a medicina, a fisiologia, decerto, mas igualmente a filosofia, a teologia, a estética contribuem para a escultura cristã da carne.

O olhar voltado para si mesmo, o do médico, do técnico da imagem médica, a filosofia da saúde e da doença, a concepção do sofrimento, o papel consentido à dor, portanto a relação com a farmácia, com as substâncias, com as drogas, a linguagem do que trata com o que é tratado, mas também a relação de si consigo mesmo, a integração de uma auto-imagem e a construção de um ideal do eu fisiológico, anatômico e psicológico, nada disso se constitui sem os discursos pré-citados. De modo que a cirurgia ou a farmacologia, a medicina alopática e os tratamentos paliativos, a ginecologia e a tanatologia, a medicina de emergência e a oncologia, a psiquiatria e a clínica submetem-se à lei judeo-cristã sem visibilidade particularmente nítida dos sintomas dessa contaminação ontológica.

A pusilanimidade bioética contemporânea provém dessa dominação invisível. As decisões políticas laicas sobre esse assunto correspondem a pouca coisa perto das posições formuladas pela Igreja sobre esses grandes assuntos. Não é de espantar, pois a ética da bioética continua sendo fundamentalmente judeo-cristã. Com exceção da legalização do aborto e da contracepção artificial, esses dois avanços na direção de um corpo pós-cristão – que aliás chamei de *corpo faustiano* –, a medicina ocidental adere de muito perto às exortações da Igreja.

A *Carta dos agentes de saúde* elaborada pelo Vaticano condena a transgênese, a experimentação com embriões, a FIVETE [fecundação in vitro com transferência de embrião], as mães de aluguel, a procriação assistida para casais não casados ou homossexuais, a clonagem reprodutora, os coquetéis analgésicos que suspendem a consciência no final da vida, o uso terapêutico da maconha, a eutanásia, em contrapartida ela celebra os tratamentos paliativos e insiste no *papel salvífico da dor*: são posições repetidas em coro pelas comissões de ética pretensamente laicas e falsamente independentes das religiões...

Certamente, quando no Ocidente os cuidadores abordam um corpo doente, quase sempre ignoram que estão pensando, agindo e diagnosticando a partir de sua formação que supõe a episteme cristã. A consciência não entra em jogo, mas uma série de determinismos mais profundos, mais antigos que remetem ao momento de elaboração de um temperamento, de um caráter, de uma consciência. O inconsciente do terapeuta e o do paciente procedem de um mesmo banho metafísico. O ateísmo supõe um trabalho sobre essas formatações tornadas invisíveis mas pregnantes nas particularidades de uma vida cotidiana corporal – uma análise circunstanciada do corpo sexuado, sexual e das relações aferentes ocuparia um livro inteiro...

4
Uma tortura oriunda do Paraíso

Segundo exemplo: o direito. No palácio de justiça da França, os sinais religiosos ostentatórios e ostensivos são proibidos. Quando se pronuncia uma decisão de justiça, não pode ser sob um crucifixo, menos ainda sob um versículo da Torah ou uma surata do Corão exibidos nas paredes. Código Civil e Código Penal afirmam pretensamente o direito e a lei independentemente da religião e da Igreja. Ora, nada existe na jurisdição francesa que contradiga fundamentalmente as prescrições da Igreja católica, apostólica e romana. A ausência da cruz na sala de audiências não garante a independência da justiça com relação à religião dominante.

Pois os próprios fundamentos da lógica jurídica provêm das primeiras linhas do Gênese. Daí uma genealogia judaica – o Pentateuco – e cristã – a Bíblia – do Código Civil francês. O aparelho, a técnica, a lógica, a metafísica do direito decorrem diretamente do que ensina a fábula do Paraíso original: um homem livre, portanto responsável, portanto possivelmente culpado. Porque dotado de liberdade, o indivíduo pode escolher, eleger e preferir isto a aquilo no campo dos possíveis. Toda ação procede pois de uma livre escolha, de uma vontade livre, informada e manifesta.

O postulado do livre-arbítrio é indispensável para considerar o seguimento de toda ação repressiva. Pois o consumo do fruto proibido, a desobediência, o erro cometido no Jardim das Delícias decorrem de um ato voluntário, portanto suscetível de ser repreendido e punido. Adão e Eva podiam não pecar, pois foram criados livres, mas preferiram o vício à virtude. Assim pode-se pedir-lhes prestação de contas. Até mesmo fazê-los pagar. E Deus não deixa de fazê-lo, condenando-os, eles e seus descendentes, ao pudor, à vergonha, ao trabalho, ao parto com dor, ao sofrimento, ao envelhecimento, à submissão das mulheres aos homens, à dificuldade de toda intersubjetividade sexuada. A partir daí, nesse esquema, e segundo o princípio editado nos primeiros momentos das escrituras, o juiz pode se fazer de Deus na terra...

Quando um tribunal funciona sem sinais religiosos, ele se ativa no entanto tendo em vista essa metafísica: o estuprador de crianças é livre, tem a escolha entre uma sexualidade normal com um parceiro conivente e uma violência assombrosa com vítimas destruídas para sempre. Em sua alma e consciência, dotada de um livre-arbítrio que lhe permite querer isso em vez daquilo, ele prefere a violência – ao passo que poderia ter decidido diferentemente! De modo que no tribunal pode-se pedir-lhe prestação de contas, escutá-lo vagamente, não o ouvir e mandá-lo passar anos numa prisão onde provavelmente será violentado à guisa de boas-vindas antes de apodrecer numa cela da qual será tirado depois de ter deixado de lado a doença que o aflige...

Quem aceitaria que um hospital trancasse um homem ou uma mulher em que se descobrisse um tumor no cérebro – não mais escolhido do que um tropismo pedofílico – numa cela, expondo-o à violência repressiva de alguns companheiros de quarto mantidos na selvageria etológica de um confinamento celular antes de o abandonar, por um quarto de sua vida, ao trabalho do câncer, sem tratamento, sem cuidado, sem terapia? Quem? Resposta: todos aqueles que ativam a máquina judiciária e a fazem funcionar como um mecanismo encontrado às portas do jardim do Éden sem se perguntar o que ele é, por que está ali, de que maneira funciona...

Essa máquina da colônia penitenciária de Kafka produz seus efeitos no cotidiano nos palácios ditos de justiça europeus e nas prisões que lhes são adjacentes. Esse conluio entre livre-arbítrio e preferência voluntária do Mal ao Bem que legitima a responsabilidade, portanto a culpa, portanto a punição, supõe o funcionamento de um pensamento mágico que ignora o que a diligência pós-cristã de Freud esclarece com a psicanálise e outros filósofos que evidenciam o poder dos determinismos inconscientes, psicológicos, culturais, sociais, familiares, etológicos, etc.

O corpo e o direito, mesmo e sobretudo quando se pensam, se crêem e se dizem laicos, procedem da episteme judeocristã. A isso poder-se-iam acrescentar, para completar o inventário dos domínios implicados, mas não é aqui o lugar, as análises sobre a pedagogia, a estética, a filosofia, a política – ah! a sacrossanta trindade: trabalho, família, pátria... –, e muitas outras atividades cuja impregnação religiosa bíblica poderiam mostrar. Mais um esforço para ser verdadeiramente republicano...

5
Sobre a ignorância cristã

É possível compreender a ignorância do funcionamento dessas lógicas de impregnação sublinhando que muitas dessas determinações se propagam no registro inconsciente, escapando aos níveis de clareza da consciência informada e lúcida. As interferências entre os indivíduos e essa ideologia manifestamse fora da linguagem, sem os sinais de uma reivindicação franca. Não sendo caso de teocracia assumida – os regimes políticos claramente inspirados por um dos três Livros –, a genealogia judeo-cristã das práticas laicas escapa quase sempre à maioria, inclusive aos profissionais, atores e indivíduos implicados.

A invisibilidade desse processo só se deve a seu modo de difusão inconsciente. Supõe também a incultura judeo-cristã de muitas das partes afetadas. Inclusive entre os crentes e praticantes freqüentemente pouco informados, até mesmo informados apenas pelos mingaus ideológicos infligidos pela instituição e seus retransmissores. A missa dominical nunca brilhou como lugar de reflexão, de análise, de cultura, de saber difundido e trocado, nem o catecismo, nem mesmo as outras ocasiões rituais e culturais das outras religiões monoteístas.

Mesmas observações com relação às preces no muro das Lamentações ou às cinco ocasiões diárias dos muçulmanos: reza-se, pratica-se a reiteração das invocações, exercita-se a memória, mas não a inteligência. Para os cristãos, os sermões de Bossuet constituem uma exceção em meio a um rio de platitudes duas vezes milenares... E para um Averróis ou um Avicena – pretextos tão úteis... – quantos imãs hipermnésicos mas hipo-inteligentes?

A construção de sua religião, o conhecimento dos debates e controvérsias, os convites a refletir, analisar, criticar, as confrontações de informações contraditórias, os debates polêmicos brilham por sua ausência na comunidade em que triunfam mais o psitacismo e a reciclagem das fábulas com a ajuda de uma mecânica bem azeitada que repete mas não inova, que solicita a memória e não a inteligência. Salmodiar, recitar, repetir não é pensar. Rezar também não. Longe disso.

Ouvir pela enésima vez um texto de Paulo e ignorar a existência do nome de Gregório de Nazianzo; voltar a construir o presépio todos os anos e não saber o que eram as querelas fundadoras do arianismo ou o concílio sobre a iconofilia; assistir à missa de Natal e nada saber da recuperação pela Igreja da data pagã do solstício de inverno em que se festejava o *sol invictus*; assistir aos batismos, casamentos e enterros familiares diante do altar e nunca ter ouvido falar dos evangelhos apócrifos; expor-se sob crucifixos e ignorar a informação de que pelo motivo considerado contra Jesus em seu processo não se crucificava mas se apedrejava; e tantos outros impasses culturais por causa de fetichização dos ritos e das práticas, o que constitui problema para um hipotético exercício esclarecido de sua religião...

A antiga exortação do Gênese a não querer saber, a contentar-se com crer e obedecer, a preferir a Fé ao Conhecimento, a recusar o gosto pela ciência e a celebrar a paixão pela submissão e pela obediência não contribui para elevar o debate; a etimologia de muçulmano, que significa, Littré dixit, *submisso* a Deus e a Maomé; a impossibilidade de pensar e de agir no menor detalhe do cotidiano fora das prescrições milimétricas da Torah; tudo isso dissuade de preferir a Razão à submissão... Como se a religião tivesse necessidade de inocência, de incultura e de ignorância para proliferar e existir com maior segurança!

Quando por outro lado a cultura religiosa e histórica existe – muitas vezes entre profissionais da religião... –, ela é colocada a serviço de um arsenal jesuítico inominável! Séculos de retórica, um milênio de sofistarias teológicas, bibliotecas de esmiuçamentos escolásticos permitem o uso do saber como de uma arma: a preocupação parece menos a argumentação honesta do que a apologética, arte que Tertuliano exerceu com virtuosismo pelo cristianismo, e que supõe a submissão de toda a História e de todas as referências ao pressuposto ideológico do polemista. Ver a dupla acepção do epíteto "jesuíta"...

Faz-se um cristão atentar para o fato de que desde a conversão de Constantino a Igreja escolheu o campo dos poderosos deixando de lado os pequenos, os miseráveis? Ele responderá: "teologia da libertação" – esquecendo ao mesmo tempo sua condenação por João Paulo II, chefe e guia da Igreja. Afirma-se a evidência de que o cristianismo paulino, portanto o oficial, desconsiderou o corpo, a carne, o prazer, que ele despreza as mulheres? O mesmo retruca: "êxtase místico" – silenciando que toda manifestação dessa ordem suscitou no

Vaticano uma condenação em vida do erotômano antes da recuperação, por meio da canonização, beatificação e outras cerimônias de recuperação dos perdidos de ontem. Fala-se a ele dos genocídios ameríndios em nome da religião muito católica, da negação da alma e da humanidade dos índios professada pelos colonizadores devotos? Ele se regozija: "Bartolomeo de Las Casas" – ignorando de passagem que, por mais defensor teórico dos índios que fosse, nem por isso esse valoroso cristão deixou de alimentar as fogueiras com os livros escritos pelos guatemaltecos, tomando cuidado para que se descobrisse apenas depois de sua morte, e por testamento, que ele assimilava a causa dos negros à dos índios...

A mesma lógica anima os intérpretes da lei corânica – aiatolás e mulás – que tentam dar sentido e coerência a textos contraditórios no próprio corpo de seu livro sagrado fazendo malabarismo com as suratas, os versículos e milhares de hadith ou manipulando versículos ab-rogantes e versículos ab-rogados! Chama-se sua atenção para o ódio aos judeus e aos não-muçulmanos que enchem interminavelmente as páginas do Corão? Eles remeterão à prática da dhimma que permite vagamente às pessoas do Livro não-muçulmano que existam e sejam protegidas. Mas evitam ciosamente explicar que essa proteção existe apenas após pagamento sonante e líquido de um imposto – a gízia. Isso faz com que essa pretensa tolerância assemelhe-se a uma prática mafiosa de proteção do indivíduo submetido ao financiamento da empresa que o extorque... Ou como inventar o imposto revolucionário!

Esses esquecimentos, essa dissipação de informações, essa submissão à obediência mais do que à inteligência esvaziam a religião de seus conteúdos autênticos para não produzir mais do que uma pálida vulgata vagamente suscetível de ser ajustada a todos os molhos metafísicos e sociológicos. À maneira de marxistas que acreditam sê-lo e negam a luta de classes, depois abandonam a ditadura do proletariado, muitos judeus, cristãos e muçulmanos fabricam para si uma moral sob medida que supõe, para sua conveniência, a extração de uma parte do corpus para constituir uma regra do jogo e um pertencimento comunitário em detrimento da totalidade de sua religião. Daí o duplo movimento de uma desaparição das práticas visíveis proporcional ao reforço da episteme dominante. Assim o ateísmo cristão...

6
O ateísmo cristão

Por muito tempo o ateu funcionou por inversão do padre, ponto por ponto. O negador de Deus, fascinado por seu inimigo, com freqüência emprestou dele muitos de seus tiques e defeitos. Ora, o clericalismo ateu não apresenta nenhuma forma de interesse. As igrejinhas de livre-pensamento, as uniões racionalistas tão proselitistas quanto o clero, as lojas maçônicas segundo o modelo da Terceira República pouco merecem atenção. Trata-se agora de ter em vista o que Deleuze chama de *ateísmo tranqüilo*, ou seja, menos uma preocupação estática de negação ou combate de Deus do que um método dinâmico que desemboca numa proposta positiva destinada a construir depois do combate. A negação de Deus não é um fim, mas um meio para visar uma ética pós-cristã ou francamente laica.

Para delinear os contornos do ateísmo pós-cristão, vamos nos deter no que é preciso superar ainda hoje: o *ateísmo cristão* – ou o cristianismo sem Deus. Mais uma vez, que estranha quimera! A coisa existe, ela caracteriza um negador de Deus que afirma ao mesmo tempo a excelência dos valores cristãos e o caráter insuperável da moral evangélica. Seu trabalho supõe a dissociação entre a moral e a transcendência: o bem não tem necessidade de Deus, do céu ou de uma base inteligível, ele basta a si mesmo e procede de uma necessidade imanente – propor uma regra do jogo, um código de conduta entre os homens.

A teologia deixa de ser genealogia da moral, a filosofia a substitui. Enquanto a leitura judeo-cristã propõe uma lógica vertical – do baixo dos humanos para o alto dos valores –, a hipótese do ateísmo cristão anuncia uma exposição horizontal: nada fora do racionalismo dedutível, nada de arranjos em outro terreno que não o mundo real e sensível. Deus não existe, as virtudes não decorrem de uma revelação, não descem do céu, mas procedem de um ajuste utilitarista e pragmático. Os homens dão leis a si mesmos e para isso não precisam apelar para um poder extraterrestre.

A escrita imanente do mundo distingue o ateu cristão do cristão crente. Mas não os valores que permanecem comuns. O padre e o filósofo, o Vaticano e Kant, os Evangelhos e a *Crítica da razão prática*, Madre Teresa e Paul Ricoeur, o amor ao próximo católico e o humanismo transcendental de Luc Ferry exposto em *L'Homme-Dieu* [O Homem-Deus], a ética cristã e as grandes virtudes de André Comte-Sponville movem-se num terreno comum: a caridade, a temperança, a compaixão, a misericórdia, a humildade, mas também o amor ao próximo e o perdão das ofensas, a outra face estendida quando se é golpeado uma vez, o desinteresse pelos bens deste mundo, a ascese ética que recusa o poder, as honras, as riquezas como tantos outros falsos valores que desviam da sabedoria verdadeira. Essas são as opções *teoricamente* professadas...

Esse ateísmo cristão evacua quase sempre o ódio paulino do corpo, sua recusa dos desejos, dos prazeres, das pulsões e das paixões. Mais em concomitância com sua época quanto às questões de moral sexual do que os cristãos com Deus, esses defensores de uma volta aos Evangelhos – sob pretexto de volta a Kant, até mesmo a Espinosa – consideram que o remédio para o niilismo de nossa época não necessita de um esforço pós-cristão, mas de uma releitura laica, imanente do conteúdo e da mensagem deixada por Cristo. Vindos do continente judeu, Vladimir Jankélévitch – ver seu *Traité des vertus* [Tratado das virtudes] –, Emmanuel Levinas – ler *Humanisme de l'autre homme* [Humanismo do outro homem] ou *Totalité et infini* [Totalidade e infinito] –, mas também hoje Bernard Henri Lévy – *Le Testament de Dieu* [O testamento de Deus] – ou Alain Finkielkraut – *Sagesse de l'amour* [Sabedoria do amor], fornecem a esse judeo-cristianismo sem Deus uma parte de seus modelos.

7
Um ateísmo pós-moderno

A superação desse ateísmo cristão permite considerar, sem que seja redundante qualificá-lo assim, um autêntico *ateísmo ateu*... Esse quase pleonasmo para significar uma negação de Deus associada a uma negação de uma parte dos valores decorrentes dela, certamente, mas também para mudar de episteme, depois deslocar a moral e a política para uma outra base, não niilista, mas pós-cristã. Não ajustar as Igrejas, nem as destruir, mas construir em outro lugar, de maneira diferente, outra coisa para os que não queiram continuar a residir intelectualmente em locais já muito usados.

O ateísmo pós-moderno abole a referência teológica, mas também científica, para construir uma moral. Nem Deus nem a Ciência, nem o Céu inteligível nem o arranjo de proposições matemáticas, nem Tomás de Aquino nem Auguste Comte ou Marx. Mas a Filosofia, a Razão, a Utilidade, o pragmatismo, o Hedonismo individual ou social, convites para evoluir no terreno da imanência pura, na preocupação dos homens, por eles, para eles, e não por Deus, para Deus.

A superação dos modelos religiosos e geométricos se faz na história por parte dos anglo-saxões Jeremy Bentham – ler e reler *Deontologia*! – por exemplo – ou seu discípulo John Stuart Mill. Ambos elaboram construções intelectuais aqui e agora, visam edifícios modestos, certamente, mas habitáveis: não imensas catedrais invejáveis, belas de ver – como os edifícios do idealismo alemão! –, impraticáveis, mas construções passíveis de ser realmente habitadas.

Bem e Mal existem não mais porque coincidem com as noções de fiel ou infiel em uma religião, mas com respeito à utilidade e à felicidade do maior número possível. O contrato hedonista – impossível ser mais imanente... – legitima toda intersubjetividade, condiciona o pensamento e a ação, prescinde totalmente de Deus, da religião e dos padres. Não há nenhuma necessidade de ameaçar de um Inferno ou de seduzir com um Paraíso, inútil erigir uma ontologia da recompensa e da punição post mortem para convidar à ação boa, justa e reta. Uma ética sem obrigações nem sanções transcendentes.

8
Princípios de ateologia

A ateologia se propõe três tarefas: primeiro – segunda parte – *desconstruir os três monoteísmos* e mostrar o quanto, apesar de suas diversidades históricas e geográficas, apesar do ódio que anima os protagonistas das três religiões há séculos, apesar da aparente irredutibilidade superficial da lei mosaica, dos ditos de Jesus e da palavra do Profeta, apesar dos tempos genealógicos diferentes dessas três variações efetuadas em mais de dez séculos com um só e mesmo tema, o fundo continua o mesmo. Variação de grau, não de natureza.

Justamente, que fundo é esse? Uma série de ódios violentamente impostos na história por homens que se pretendem depositários e intérpretes da palavra de Deus – os Clérigos: ódio da inteligência a que os monoteístas preferem a obediência e a submissão; ódio da vida acompanhado de uma indefectível paixão tanatofílica; ódio deste mundo incessantemente desvalorizado em comparação com um além, único reservatório de sentido, de verdade, de certeza e de beatitude possíveis; ódio do corpo corruptível depreciado no menor detalhe enquanto a alma eterna, imortal e divina é revestida de todas as qualidades e de todas as virtudes; ódio das mulheres, enfim, do sexo livre e liberado em nome do Anjo, anticorpo arquetípico comum às três religiões.

Depois da desmontagem da reatividade dos monoteísmos com relação à vida imanente e possivelmente jubilatória, a ateologia pode ocupar-se particularmente de uma das três religiões para ver como ela se constitui, se instala e se enraíza em princípios que supõem sempre a falsificação, a histeria coletiva, a mentira, a ficção e os mitos aos quais são dados plenos poderes. A reiteração de uma soma de erros pela maioria acaba por se tornar um corpus de verdades no qual é proibido tocar, sob pena dos perigos mais graves para os espíritos fortes – das fogueiras cristãs de anteontem às fatwas muçulmanas de hoje.

Para tentar ver como se cria uma mitologia, pode-se propor – terceira parte – uma *desconstrução do cristianismo*. De fato, a construção de Jesus provém de um forjamento redutível a momentos identificáveis na história durante um ou dois séculos: a cristalização da histeria de uma época numa figura que catalisa o maravilhoso, coleta as aspirações milenaristas, proféticas e apocalípticas do momento em um personagem conceitual denominado Jesus; a existência metodológica e de modo nenhum histórica dessa ficção; a ampliação e a promoção dessa fábula por Paulo de Tarso que se acredita enviado de Deus ao passo que se limita a administrar sua própria neurose; seu ódio por si mesmo transformado em ódio pelo mundo; sua impotência, seu ressentimento, a vingança de uma *aberração* – segundo sua própria palavra... – transformados em motor de uma individualidade que se difunde por toda a bacia mediterrânea; o gozo masoquista de um homem ampliado à dimensão de uma seita entre milhares na época: tudo isso surge quando se reflete por pouco que seja e se recusa em matéria de religião a obediência ou a submissão para reativar um ato antigo e proibido, ou seja, saborear o fruto da árvore do conhecimento...

Essa desconstrução do cristianismo supõe, certamente, uma desmontagem da criação da ficção, mas também uma análise do devir planetário dessa neurose. Daí considerações históricas sobre a conversão política de Constantino à religião sectária por puras razões de oportunismo histórico. Conseqüentemente, o devir imperial de uma prática limitada a um punhado de iluminados torna-se claro: perseguidos e minoritários, os cristão tornam-se perseguidores e majoritários graças à intercessão de um imperador que se tornou um dos seus.

O décimo terceiro apóstolo, como Constantino se proclama por ocasião de um Concílio, constitui um Império totalitário que edita leis violentas dirigidas aos não-cristãos e pratica uma política sistemática de erradicação da diferença cultural. Fogueiras e autos-de-fé, perseguições físicas, confiscos de bens, exílios obrigatórios e forçados, assassínios e vias de fato, destruições de edificações pagãs, profanações de lugares e objetos de culto, queimas de bibliotecas, reciclagem de edifícios religiosos antigos para construção de novos monumentos ou para aterragem das estradas, etc.

Com os plenos poderes durante vários séculos, o espiritual se confunde com o temporal... Daí – quarta parte – uma *desconstrução das teocracias* que supõem a reivindicação prática e política do poder pretensamente emanado de Deus que não fala, é evidente, mas que os padres e o clero fazem falar. Em nome de Deus, mas por meio de seus pretensos servidores, o Céu comanda o que deve ser feito, pensado, vivido e praticado na Terra para Lhe agradar! E os mesmos que se pretendem portadores de Sua palavra afirmam sua competência na interpretação do que Ele pensa das ações efetuadas em Seu nome...

A teocracia encontra remédio na democracia: o poder do povo, a soberania imanente dos cidadãos contra o pretenso magistério de Deus, de fato daqueles que o reivindicam para si... Em nome de Deus, a História testemunha, os três monoteísmos fazem correr rios de sangue durante séculos! Guerras, expedições punitivas, massacres, assassínios, o colonialismo, etnocídios, genocídios, Cruzadas, Inquisições, hoje o hiperterrorismo planetário...

Desconstruir os monoteísmos, desmistificar o judeo-cristianismo – mas também o islã, sem dúvida –, depois desmontar a teocracia, eis três empreendimentos inaugurais para a ateologia. Material para trabalhar em seguida uma nova ordem ética e produzir no Ocidente as condições de uma verdadeira moral pós-cristã em que o corpo deixe de ser uma punição, a terra um vale de lágrimas, a vida uma catástrofe, o prazer um pecado, as mulheres uma maldição, a inteligência uma presunção, a volúpia uma danação.

A isso poderia acrescentar-se então uma política menos fascinada pela pulsão de morte do que pela pulsão de vida. O Outro não seria pensado como um inimigo, um adversário, uma diferença a ser suprimida, reduzida e submetida, mas como a possibilidade de uma intersubjetividade a ser construída aqui e agora, não sob o olhar de Deus ou dos deuses, mas sob o olhar apenas dos protagonistas, na mais radical imanência. De modo que o Paraíso funcionasse menos como ficção para o Céu do que como ideal da razão deste mundo. Vamos sonhar um pouco...

segunda parte

MONOTEÍSMOS

I

TIRANIAS E SERVIDÕES DOS ALÉM-MUNDOS

1
O olhar obscuro do monoteísmo

Conhecem-se os animais intocados por Deus. Isentos de religião, ignoram o incenso e a hóstia, as genuflexões e as preces, não são vistos em êxtase diante dos astros ou dos padres, não constroem catedrais, nem templos, nunca são surpreendidos dirigindo invocações a ficções. Com Espinosa, imagina-se que, se criassem para si um Deus, eles o fariam à sua imagem: com orelhas grandes para os burros, com tromba para os elefantes, ferrão para as abelhas. De modo que os homens, quando resolvem dar à luz um Deus único, fazem-no à sua imagem: violento, ciumento, vingativo, misógino, agressivo, tirânico, intolerante. Em suma, esculpem sua pulsão de morte, sua parte sombria, e fazem uma máquina lançada a toda a velocidade contra eles mesmos...

Pois só os homens inventam além-mundos, deuses ou um único Deus; só eles se prosternam, se humilham, se rebaixam; só eles fabulam e acreditam ferreamente nas histórias criadas por obra sua para evitar olhar seu destino de frente; só eles elaboram a partir dessas ficções um delírio que acarreta uma sucessão de tolices perigosas e de novas escapatórias; só eles, baseados no princípio da trapalhada, trabalham ardorosamente pela realização daquilo de que, no entanto, mais aspiram a fugir: a morte.

A vida lhes parece insuportável tendo a morte como fim inevitável? Logo dão um jeito de chamar o inimigo para governar sua vida, querem morrer um pouco, regularmente, todos os dias, a fim de, chegada a hora, acreditar que o traspasse seja mais fácil. As três religiões monoteístas convidam a renunciar ao viver aqui e agora sob pretexto de que um dia será preciso consentir nisso: elas exaltam um além (fictício) para impedir a fruição plena deste mundo (real). Seu combustível? A pulsão de morte e incessantes variações sobre esse tema.

Estranho paradoxo! A religião responde ao vazio ontológico descoberto por quem quer que fique sabendo que morrerá um dia, que sua estada na terra é limitada no tempo, que toda existência inscreve-se brevemente entre dois nadas. As fábulas aceleram o processo. Instalam a morte na terra em nome da eternidade no céu. Por conseguinte, estragam o único bem de que dispomos: a matéria viva de uma existência assassinada no ovo sob pretexto de sua finitude. Ora, não ser para não ter que morrer, eis um cálculo errado. Pois duas vezes dá-se à morte um tributo que basta pagar uma vez.

A religião provém da pulsão de morte. Essa estranha força obscura no fundo do ser trabalha na destruição do que é. Onde algo vive, se difunde, vibra, move-se uma contraforça necessária ao equilíbrio que quer deter o movimento, imobilizar os fluxos. Quando a vitalidade abre passagens, escava galerias, a morte se ativa, é seu modo de vida, sua maneira de ser. Ela corrompe os projetos de ser para fazer o conjunto desmoronar. Vir ao mundo é descobrir o existir para a morte; existir para a morte é viver dia após dia a redução da vida. Só a religião dá a impressão de deter o movimento. De fato, ela o precipita...

Voltada contra si, a pulsão de morte gera todas as condutas de risco, os tropismos suicidas e as colocações em perigo de si mesmo; dirigida contra o outro, produz a agressão, a violência, os crimes, os assassínios. A religião do Deus único esposa esses movimentos: trabalha pelo ódio a si mesmo, pelo desprezo do próprio corpo, pelo descrédito da inteligência, pela desconsideração da carne, pela valorização de tudo o que nega a subjetividade desenvolvida; projetada contra o outro, fomenta o desprezo, a maldade, a intolerância que produzem os racismos, a xenofobia, o colonialismo, as guerras, a injustiça social. Basta observar a História para constatar a miséria e os rios de sangue derramados em nome do Deus único...

Os três monoteísmos, animados por uma mesma pulsão de morte genealógica, partilham uma série de desprezos idênticos: ódio da razão e da inteligência; ódio da liberdade; ódio de todos os livros em nome de um único; ódio da vida; ódio da sexualidade, das mulheres e do prazer; ódio do feminino; ódio do corpo, dos desejos, das pulsões. Em vez e no lugar de tudo isso, judaísmo, cristianismo e islã defendem: a fé e a crença, a obediência e a submissão, o gosto pela morte e a paixão pelo além, o anjo assexuado e a castidade, a virgindade e a fidelidade monogâmica, a esposa e a mãe, a alma e o espírito. Equivale a dizer a vida crucificada e o nada celebrado...

2
Abaixo a inteligência

O monoteísmo detesta a inteligência, virtude sublime que define a arte de ligar o que, a priori e para a maioria, passa por desligado. Ela torna possíveis as causalidades inesperadas, mas verdadeiras: produz explicações racionais, convincentes, apoiadas em raciocínios; recusa toda ficção fabricada. Com ela, evitam-se os mitos e as histórias para crianças. Não há paraíso depois da morte, não há alma salva ou condenada, não há Deus que sabe tudo e vê tudo; bem conduzida, e de acordo com a ordem das razões, a inteligência, a priori atéia, impede todo pensamento mágico.

Os detentores da lei mosaica, das baboseiras crísticas e de seus clones corânicos compartilham a mesma fábula sobre a origem da negatividade no mundo: no Gênese (III, 6) – comum à Torah e ao Velho Testamento da Bíblia cristã – e no Corão (II, 29), encontra-se a mesma história de Adão e Eva num Paraíso em que um Deus proíbe a aproximação de uma árvore ao passo que um demônio convida à desobediência.

Versão monoteísta do mito grego de Pandora, a primeira mulher evidentemente comete o irreparável, e seu ato espalha o mal por todo o planeta.

Esse enunciado, em tempos normais muito adequado para engrossar as fileiras dos contos ou das histórias para dormir em pé, teve conseqüências consideráveis para as civilizações! Ódio das mulheres e da carne, culpa e desejo de resipiscência, busca de uma impossível reparação e submissão à necessidade, fascínio pela morte e paixão pela dor – oportunidades de ativar a pulsão de morte.

O que há no dossiê dessa história? Um Deus que proíbe ao casal primordial o consumo do fruto da árvore do conhecimento. Evidentemente, trata-se de uma metáfora. São necessários os Padres da Igreja para sexualizar essa história, pois o texto é claro: comer esse fruto desvenda e permite distinguir o bem do mal, portanto assemelhar-se a Deus. Um versículo fala de uma árvore *desejável para adquirir a inteligência* (III, 6). Passar por cima do ditame de Deus é preferir o saber à obediência, querer conhecer em vez de se submeter. Digamos de outro modo: optar pela filosofia e não pela religião.

O que significa essa proibição da inteligência? Nesse Jardim magnífico pode-se tudo, mas não se tornar inteligente – a árvore do conhecimento – nem imortal – a árvore da vida? Que destino Deus reserva então aos homens: a imbecilidade e a mortalidade? É preciso imaginar um Deus perverso para oferecer esse presente a suas criaturas... Celebremos pois Eva que opta pela inteligência ao preço da morte enquanto Adão não entende imediatamente as implicações do momento paradisíaco: a eterna ventura do imbecil feliz!

O que descobrem esses infelizes, uma vez que a senhora morde o fruto sublime? O real. O real e nada mais: a nudez, sua parte natural, mas também, e a partir dessa nova aquisição do saber, sua parte cultural, pelo menos suas potencialidades por meio da criação de uma tanga com folhas de figueira – e não de vinha... E mais: a rudeza do cotidiano, o trágico de todo destino, a brutalidade da diferença sexual, o abismo que separa para sempre homem e mulher, a impossibilidade de evitar o trabalho penoso, a maternidade dolorosa e a morte imperial. Uma vez libertos, e para evitar o acréscimo da transgressão que permite alcançar a vida eterna – pois a árvore da vida está ao lado da árvore do conhecimento –, o Deus uno, decididamente bom, doce, amante, generoso, expulsa Adão e Eva do paraíso. E assim estamos desde então...

Lição número um: se recusamos a ilusão da fé, as consolações de Deus e as fábulas da religião, se preferimos querer saber e optamos pelo conhecimento e pela inteligência, então o real nos aparece tal como é, trágico. No entanto mais vale uma verdade que desespera imediatamente e permite não perder completamente a vida colocando-a sob o signo do morto-vivo do que uma história que consola na hora, certamente, mas nos faz passar ao largo de nosso único verdadeiro bem: a vida aqui e agora.

3
O rosário das proibições

Deus não se contentou uma vez em impedir de comer o fruto proibido pois, a partir desse dia, ele só se manifesta por proibições. As religiões monoteístas só vivem de prescrições e exortações: fazer e não fazer, dizer e não dizer, pensar e não pensar, agir e não agir. Proibido e autorizado, lícito e ilícito, de acordo e em desacordo, os textos religiosos abundam em codificações existenciais, alimentares, comportamentais, rituais, e outras...

Pois só se mede bem a obediência com as proibições. Quanto mais elas são abundantes, maiores são as oportunidades de errar, mais se reduzem as probabilidades de perfeição, mais aumenta a culpa. E é uma boa coisa para Deus – pelo menos para o clero que o invoca! – poder manejar essa poderosa mola psicológica. Cada um deve saber incessantemente que precisa obedecer, conformar-se, fazer como deve ser feito, como a religião exorta a fazer. Não se comportar como Eva, mas, como Adão, submeter-se à vontade do Deus único.

A etimologia nos informa: *islam* significa *submissão*... E qual a melhor maneira de renunciar à inteligência a não ser submeter-se às proibições dos homens? Pois ouve-se mal, pouco ou nem um pouco a voz de Deus! Como pode ele manifestar suas preferências alimentares, de vestimenta, rituais a não ser por intermédio de um clérigo que coloque proibições, decida em seu nome acerca do lícito e do ilícito? Obedecer a essas leis e regras é submeter-se a Deus, talvez, porém mais certamente a quem se diz autorizado: o padre.

No jardim do Éden, Deus fala com Adão e Eva, época abençoada da relação direta entre a Divindade e suas criaturas... Mas, com a expulsão do paraíso, o contato se rompeu. Daí o interesse em manifestar Sua presença no detalhe, no menor momento do cotidiano, no mais ínfimo gesto. Não apenas no céu, Deus vigia e ameaça por toda parte – e o diabo também, portanto, espia em sua sombra...

O essencial está na anedota: por exemplo, os judeus proíbem-se de comer crustáceos, pois Deus tem aversão pelos animais sem nadadeiras nem escamas que, além do mais, exibem seu esqueleto externamente; do mesmo modo, os cristãos evitam a carne na Sexta-feira Santa – dia célebre por seu excesso de hemoglobina; ou ainda os muçulmanos se preocupam em não se regozijar com morcela. São três oportunidades, entre outras, de mostrar a fé, a crença, a piedade e a devoção a Deus...

O lícito e o ilícito ocupam lugar especial na Torah e no Talmud, um pouco no Corão, mas principalmente nos Hadith. O cristianismo – renda-se glória a são Paulo, uma vez não significa hábito! – não se sobrecarrega com tudo o que, no Levítico ou no Deuteronômio entre outros textos prescritores de proibições maiores, obriga, impede, coage em todos os terrenos: os costumes à mesa, os comportamentos na cama, as colheitas dos campos, as texturas e as cores do guarda-roupa, o emprego do tempo hora por hora, etc.

Os Evangelhos não proíbem o vinho nem a carne de porco, nem alimento algum, assim como não obrigam a vestir roupas específicas. O pertencimento à comunidade cristã supõe a adesão à mensagem evangélica, não aos detalhes de prescrição maníaca. Não passaria pela idéia de um cristão proibir o sacerdócio a um indivíduo deformado, cego, manco, desfigurado, disforme, corcunda, franzino, como Javé pede a Moisés que tenha cuidado com quem pretenda o culto como profissão – Levítico (XXI, 16) – ... Em contrapartida, Paulo conserva a mania do lícito e do ilícito no terreno sexual. Os Atos dos apóstolos testemunham nesse aspecto uma íntima ligação do Velho e do Novo Testamento.

Judeus e muçulmanos obrigam a pensar em Deus a cada segundo da vida cotidiana. Do despertar ao adormecer, passando pelas horas de prece, o que se deve e não se deve comer, a maneira de se vestir, nenhum comportamento, nem mesmo o mais insignificante a priori, é livre de interpretação. Não há julgamento pessoal ou apreciação individual: obediência e submissão. Negação de toda liberdade de agir e declaração do reinado da necessidade. A lógica do lícito e do ilícito encerra numa prisão em que a abdicação da vontade equivale a ato de vassalagem e prova de comportamento piedoso – um investimento pago tostão por tostão, porém mais tarde, no Paraíso...

4
A obsessão da pureza

O par lícito / ilícito funciona atrelado a puro / impuro. O que é puro? Ou impuro? Quem o é? Quem não o é? Que indivíduo decide tudo isso? Autorizado e legitimado por quem ou o quê? O puro designa o sem mistura. O contrário de combinação. Do lado do puro: o Uno, Deus, o Paraíso, a Idéia, o Espírito; em frente, o impuro: o Diverso, o Múltiplo, o Mundo, o Real, a Matéria, o Corpo, a Carne. Os três monoteísmos compartilham essa visão do mundo e lançam o descrédito sobre a materialidade do mundo.

Evidentemente, uma série de impurezas apontadas pelo Talmud pode se justificar e provir de uma sabedoria prática:

achar impuros um cadáver, uma carcaça, excreções de substâncias corporais, a lepra, compreende-se. O bom senso associa a decomposição, a podridão, a doença, a riscos e perigos para os indivíduos de pôr a comunidade em perigo. Apanhar febres, contrair uma doença, gerar uma epidemia, uma pandemia, propagar doenças sexualmente transmissíveis, isso justifica o discurso preventivo, uma medicina popular eficaz. Não se expor ao mal é o primeiro dos bens.

A impureza contamina: a casa, o local, sob a tenda, os objetos, as pessoas em contato, certamente, mas também próximas, os vasos abertos no habitáculo. A pessoa envolvida afeta por sua vez aquilo de que se aproxima ou que toca enquanto a purificação e as abluções não põem fim a esse estado de perigo coletivo. O higienista as vê como medidas bem-vindas para evitar a propagação do mal. Mas para outras impurezas o argumento profilático não se sustenta. Que risco há em conviver com uma mulher menstruada? Ou com outra que acaba de dar à luz? As duas impuras. Assim como é possível compreender o receio das excreções anormais que podem significar perigosamente blenorragia, gonorréia ou sífilis, perguntamos sobre esse descrédito do sangue menstrual ou da recém-parturiente. A não ser que se coloque a hipótese de que nesses dois casos a mulher não é fecunda e pode então dispor livremente de seu corpo e de sua sexualidade sem risco de gravidez – estado ontologicamente inaceitável para os rabinos, defensores do ideal ascético e da expansão demográfica...

Os muçulmanos compartilham muitas concepções com os judeus. Especialmente essa fixação na pureza. Globalmente, o corpo é impuro pelo simples fato de existir. Daí uma obsessão por purificá-lo permanentemente por meio de cuidados particulares: circuncisão, limpeza e corte da barba, do bigode, do cabelo, corte das unhas, proibição de ingerir alimentos não ritualmente preparados, proscrição de todo contato com cães, evidentemente proibição absoluta da carne de porco e do álcool, depois evitação radical de toda matéria corporal – urina, sangue, suor, saliva, esperma, fezes.

Certamente, mais uma vez é possível justificar tudo isso de maneira racional: profilaxia, higiene, limpeza, sem que se saiba por que a carne de porco e não a de camelo – alguns levantam a hipótese de o porco ser o animal emblemático de algumas legiões romanas, constituindo má lembrança, outros se apóiam no caráter onívoro do animal que ingere detritos públicos... O ódio ao cão pode remeter aos riscos das mordidas e da raiva; a condenação do álcool ao fato de as regiões quentes parecerem propícias ao ócio, ao descanso e à hidratação destemperada, sendo então preferível água e chá em quantidade às bebidas alcoólicas por causa dos efeitos que induzem. Tudo isso pode encontrar uma justificação racional.

Mas por que não se contentar com uma prática laica? Qual é a necessidade de transformar essas prevenções de legítimo bom senso em motivos de regras rígidas, de leis inflexíveis, depois de submeter a salvação ou a condenação eterna à observância desses ditames? Ninguém contesta que é preciso ter limpeza nos banheiros, sobretudo nas épocas e regiões em que o esgoto, a água corrente, a evacuação sanitária, as fossas sépticas, os produtos de desinfecção não existem.

Mas que os hadith prescrevam detalhadamente as modalidades da limpeza anal: não menos de três pedras, não recorrer aos dejetos (!) nem às ossadas (?); não lançar o jato de urina na direção de Meca; as do estado de pureza antes da prece: não ter emitido líqüido prostático, gás, urina, fezes, mênstruo é claro, mas também, causa de ruptura do vínculo com o islã, não ter mantido relações sexuais durante as regras da companheira, nem relação anal – aí também por causa de sexo dissociado da procriação... É difícil ver a ligação racional e razoável.

5
Conter o corpo

Como compreender essas séries de proibições judaicas e muçulmanas – tão parecidas – a não ser por associação sistemática do corpo à impureza? Corpo sujo, sem asseio, corpo infectado, corpo de matérias vis, corpo libidinal, corpo malcheiroso, corpo de fluidos e líquidos, corpos infectados, corpos doentes, corpos de mortos, de cães e de mulheres, corpos de dejetos, corpos de sujeiras, corpo sanguinolento, corpo fétido, corpo sodomita, corpo estéril, corpo infecundo, corpo detestável...

Um hadith aponta a necessidade de purificá-lo praticando abluções. Afirma que, quanto mais essas práticas forem numerosas, maior será a possibilidade de dispor no céu de um corpo glorioso, no sentido que os cristãos dão a essa palavra. No dia da ressurreição, o corpo renasce com marcas luminosas nos pontos de contato com o tapete de prece. Corpo de carne preta e sombria, contra corpo de espírito branco e incandescente. Quem, entre as almas simples, pode querer amar uma carne terrestre pecaminosa quando a esperança de um anticorpo paradisíaco se apresenta como uma certeza admirável a todo crente que se dobra às lógicas lícito / ilícito segundo o princípio puro / impuro? Quem?

O ritual de purificação fornece igualmente oportunidades de conter o corpo, como que sob tutela de si mesmo. Cada órgão ocupa seu lugar num processo de prece organizada, meticulosamente ordenada. Nada escapa ao olhar de Alá. Habilitação dos materiais e do material utilizados – água, pedras, areia, terra –, contagem dos pedaços, codificação ritual, inscrição de toda a anatomia numa ordem de passagem, cenografia da reiteração dos gestos: dedos, punhos direitos, antebraços, cotovelos, três vezes, etc. Não esquecer o calcanhar, pois essa negligência conduz ao Inferno...

Evitemos uma simples leitura racional apoiada apenas no desejo de limpeza. Quando se trata de prevenir contra as sujeiras de urina na roupa, de utilizar para se limpar no banheiro a mão com a qual não se come, o argumento se sustenta. Mas desmorona quando se examinam os hadith que autorizam a purificação dos pés por cima do chinelo, segundo a expressão consagrada – e a tradução que utilizo... –, e quando se declara que a operação é possível até mantendo-se as meias calçadas. Deus certamente dispõe de outras razões além das puramente higiênicas!

O treinamento do corpo na purificação é acompanhado por um mesmo treinamento na prática da prece – cinco preces cotidianas, todas anunciadas pelo muezim do alto de seu minarete. Nem se pense em dispor do tempo para si, nem mesmo do próprio corpo: o despertar e o adormecer dependem da chamada, o desenrolar do dia também, pois tudo cessa para a prece. Alinhamento para significar a ordem, a organização e o bom entendimento da comunidade. Não há mulheres. Os mais idosos na frente. Prosternação do corpo de acordo com um código muito preciso: sete ossos devem estar em contato com o chão – a testa, as duas mãos, os dois joelhos, a ponta dos dois pés. Não discutiremos com o imã, mas um só pé são cinco artelhos, dois pés, dez e, com a ajuda da podologia, ultrapassamos a teoria dos sete...

Algumas posturas são proibidas, pois não são convenientes. Inclinações e prosternações também: devem ser efetuadas de acordo com as regras. O corpo não deve entregar-se a elas comodamente, é preciso provar sua submissão e sua obediência. Ninguém é muçulmano sem mostrar com zelo o gozo em se dobrar aos detalhes. Pois Alá está nos detalhes. Mais uma palavra: os anjos não gostam de alho, nem de echalotas, deve-se evitar então passear perto das mesquitas com esses bulbos na djelaba. Menos ainda entrar nelas com o albornoz carregado!

II

AUTOS-DE-FÉ DA INTELIGÊNCIA

1
A oficina clandestina dos livros sagrados

O ódio à inteligência e ao saber, a exortação a obedecer em vez de refletir, o funcionamento do duplo par lícito-ilícito / puro-impuro para gerar obediência e submissão em lugar do livre uso de si mesmo, tudo isso se encontra codificado em livros. O monoteísmo passa por ser a religião do Livro – no entanto parece mais a de três livros que pouco se suportam. Os paulinos não gostam muito da Torah, os muçulmanos não prezam verdadeiramente o Talmud nem os Evangelhos, os aficionados do Pentateuco consideram o Novo Testamento e o Corão imposturas... Claro, todos ensinam o amor ao próximo. Difícil, já, ser irrepreensível com os irmãos das religiões abraâmicas!

A confecção desses livros ditos santos está ligada às leis mais elementares da história. Deveríamos abordar todo o corpus com olhar filológico, histórico, filosófico, simbólico, alegórico, e qualquer outro qualificativo que dispense de acreditar que esses textos sejam inspirados e produzidos segundo o ditado de Deus. Nenhum desses livros é revelado. Por quem aliás? Essas páginas não descendem do céu mais do que as fábulas persas ou as sagas islandesas.

A Torah não é tão velha quanto afirma a tradição; Moisés é improvável; Javé nada ditou; certamente não numa escrita inexistente na época de Moisés! Nenhum evangelista conheceu pessoalmente o tal Jesus; o cânone testamentário procede de decisões políticas tardias, especialmente quando Eusébio de Cesaréia, incumbido pelo imperador Constantino, constitui um corpus a partir de vinte e sete versões, estamos na primeira metade do século IV; os escritos apócrifos são mais numerosos do que os que constituem o Novo Testamento. Maomé não escreveu o Corão; esse livro, aliás, só existe como tal vinte e cinco anos após sua morte; a segunda fonte de autoridade muçulmana, os Hadith, surgem no século IX, ou seja, dois séculos depois do desaparecimento do Profeta. Motivos para constatar à sombra dos três Deuses a presença muito ativa dos homens...

2
O Livro contra os livros

Para estabelecer a autoridade do Corão definitivo, as autoridades políticas – Marwan, governador de Medina – começam por recuperar, depois destruir e queimar, as versões existentes a fim de conservar apenas uma para evitar o confronto histórico e surpreender os vestígios de uma criação humana, demasiado humana. (Uma versão escapa aliás a esse auto-de-fé das sete primitivas, ela prevalece ainda em alguns países da África.) Prefiguração das muitas fogueiras de livros acesas em nome do único Livro. Cada um desses três livros pretende-se o único e afirma conter a totalidade do que é preciso saber e conhecer. De maneira enciclopédica, reúne o essencial e desaconselha intensamente que se procure em outros livros, pagãos, laicos, o que já se encontra nele.

Os cristãos dão o tom com Paulo de Tarso que apela, nos Atos dos apóstolos (XIX, 19), para que se queimem os manuscritos perigosos. A exortação não cai em orelhas de surdos com Constantino e outros imperadores muito cristãos que expulsam e proíbem filósofos, perseguem padres politeístas proibidos de vida social, presos e depois, alguns, mortos. O ódio aos livros não-cristãos gera um empobrecimento geral da civilização. A criação do *Índex dos livros proibidos* no século XVI, a que se acrescenta a Inquisição, completa a empreitada de erradicação de tudo o que ultrapassa a linha da Igreja católica, apostólica e romana.

O desejo de acabar com os livros não-cristãos, a proibição de um pensamento livre (tudo o que conta entre os filósofos importantes de Montaigne a Sartre, passando por Pascal, Descartes, Kant, Malebranche, Espinosa, Locke, Hume, Berkeley, Rousseau, Bergson e muitos outros – sem falar dos materialistas, dos socialistas, dos freudianos – figura no Índex...) empobrecem o pensamento coagido a renunciar, a se calar ou a uma prudência extrema. A Bíblia, sob pretexto de conter tudo, impede tudo o que ela não contém. Durante séculos, o dano é considerável.

Numerosas são as fatwas lançadas contra os autores muçulmanos, mesmo que não defendam posições atéias, não tirem o crédito dos ensinamentos do Corão, não recorram nem às blasfêmias nem às injúrias. Para angariar as condenações, basta simplesmente pensar, formular livremente. Toda veleidade de pensamento autônomo tem preço alto: o exílio, a acuação, a perseguição, a calúnia, até mesmo o assassínio, misérias todas experimentadas por Ali Abderraziq, Muhammad Khalafallâh, Taha Hussein, Nasr Hamid Abû Zayd, Muhammad Iqbal, Fazlur Rahman, Mahmoud Mohammed Taha...

Os padres das três religiões recusam que se pense e reflita por si mesmo, preferem dar a autorização – o imprimatur... – aos prestidigitadores que ofuscam o ouvinte com sua destreza em manejar a linguagem, exibir o vocabulário e esculpir as formulações. O que faz a escolástica durante séculos senão envolver verbalmente, com o registro absconso da corporação filosófica, as velhas fábulas cristãs e os dogmas da Igreja?

Judeus, cristãos e muçulmanos gostam dos exercícios de memória, saboreiam particularmente o jogo dos fiéis que salmodiam. Os muçulmanos aprendem muito jovens a memorizar as suratas do Corão, a lê-lo corretamente com boa dicção – *tajwid* –, e a salmodiá-lo nas formas – *tartil*. A *tajwid* define uma declamação lenta e melodiosa com variações de melismas ricas e ornamentadas, tudo com grandes pausas; o *tartil* é uma recitação lenta. Tradicionalmente as escolas de teologia preconizam sete tipos de leitura em função de conotações lingüísticas e fonéticas: consoantes baixadas, reforçadas, sem conotações; vogais ocultas; pronúncia muito leve; ornamentação com ajuda de anáforas; o todo contribuindo para fazer passar o espírito, o sentido e a inteligência do texto para trás do puro trabalho fônico da letra...

As litanias ouvidas nas escolas talmúdicas ou nas escolas corânicas – as *madrasas*, freqüentemente utilizadas para combater a *falsafa*, a filosofia – atestam: aprende-se em voz alta, em grupo, em cadência, num ritmo coletivo e comunitário. As melopéias ajudam a memorizar os ensinamentos de Javé ou de Alá. A mnemotécnica judaica supõe até um método de aprendizagem da leitura e do alfabeto por associação das letras com conteúdos pertencentes à doutrina talmúdica.

O livro visa portanto paradoxalmente à sua quase supressão material depois de uma memorização integral. Artimanha da razão, aprende-se a Torah ou o Corão de cor, de modo que, em caso de perseguição, de exílio, de condições que impeçam que se tenha o volume em mãos, ou no caso de alguma situação imprevista, seja possível dispor mentalmente do Livro e de seus ensinamentos.

3
Ódio à ciência

Essa lei do Livro único, total, integral, acompanhada pelo hábito desagradável de acreditar que tudo está em um só texto, leva a descartar o recurso e a ajuda dos livros não-religiosos – sem que por isso sejam ateus – como obras científicas. O monoteísmo, além dos usos interessados, não gosta muito do trabalho racional dos cientistas. Certamente, o islã aprecia a astronomia, a álgebra, as matemáticas, a geometria, a óptica, *mas* para poder calcular melhor a direção de Meca com as estrelas, estabelecer os calendários religiosos, determinar as horas de prece; certamente ele gosta da geografia, *mas* para facilitar a convergência para Ka'aba por ocasião da peregrinação dos fiéis do mundo inteiro; certamente ele pratica a medicina, *mas* para evitar a impureza que impede a relação com Alá; certamente ele preza a gramática, a filosofia e o direito, *mas* para melhor comentar o Corão e os Hadith. A instrumentalização religiosa da ciência submete a razão a um uso doméstico e teocrático. Em terra de islã, a ciência não é praticada pela ciência em si mas pelo engrandecimento da prática religiosa. Depois de séculos de cultura muçulmana não se aponta nenhuma invenção ou nenhuma pesquisa, nenhuma descoberta notável no âmbito da ciência laica. Um hadith celebra na verdade a busca da ciência até na China, mas sempre dentro da lógica de sua instrumentalização pela religião, nunca pelo ideal puramente humano e imanente de um progresso social.

Também o cristianismo considera que a Bíblia contém a totalidade do saber necessário ao bom funcionamento da Igreja. Durante séculos, ela contribuiu intensamente para impossibilitar qualquer pesquisa que, mesmo sem os contradizer, ultrapassasse os textos sagrados, os abalasse ou os interrogasse. Fiel às lições dadas pelo Gênese (o saber não é desejável, a ciência distancia do essencial – Deus), a religião católica entrava a marcha da civilização ocidental ocasionando prejuízos inestimáveis.

Desde o início do cristianismo, no começo do século II, o paganismo é objeto de condenação integral: tudo o que ele produz é recusado, associado aos falsos deuses, ao politeísmo, à magia e ao erro. As matemáticas de Euclides? A física de Arquimedes? A geografia de Eratóstenes? A cartografia de Ptolomeu? As ciências naturais de Aristóteles? A astronomia de Aristarco? A medicina de Hipócrates? A anatomia de Herófilo? Não é suficientemente cristão.

As descobertas feitas por esses gênios gregos – o heliocentrismo de Aristarco para ficar apenas com esse exemplo – são válidas, é evidente, independentemente dos deuses e do sistema religioso de então. Pouco importa a existência de Zeus e dos seus se é preciso determinar as leis da hidrostática, calcular o comprimento de um meridiano, inventar latitudes e longitudes, medir a distância que nos separa do Sol, professar que a Terra gira em torno do Sol, aperfeiçoar a teoria dos epiciclos, fazer o levantamento do mapa do céu, estabelecer a duração de um ano solar, relacionar as marés e a atração lunar, descobrir o sistema nervoso, propor hipóteses sobre a circulação sanguínea, verdades indiferentes ao povoamento do Céu...

Virar as costas para as aquisições dessas pesquisas, agir como se essas descobertas nunca tivessem acontecido, retomar as coisas de zero, é no mínimo estagnar, entrar num perigoso imobilismo; pior, enquanto outros avançam, recuar a toda velocidade e dirigir-se cegamente para as trevas das quais, por essência e por definição, toda civilização tenta se libertar para existir. A rejeição das Luzes caracteriza as religiões monoteístas: elas apreciam as noites mentais úteis para manter suas fábulas.

4
A negação da matéria

Em matéria de ciência, a Igreja se engana sobre tudo desde sempre: diante de uma verdade epistemológica, ela persegue o descobridor. A história de sua relação com o cristianismo engendra uma soma considerável de besteiras e tolices. Da recusa da hipótese heliocentrista da Antiguidade às condenações contemporâneas do gênio genético amontoam-se vinte e cinco séculos de estragos para a humanidade. Não ousamos imaginar como seria o Ocidente sem tão longos vexames da ciência!

Um dos eixos desse tropismo anticiência? A condenação constante e pertinaz das hipóteses materialistas. O golpe de gênio de Leucipo e Demócrito, que, no século V antes da era comum, descobrem o átomo sem dispor dos meios materiais para confirmar sua intuição, é sempre espantoso! Sem microscópio, sem nenhum instrumento de aumento, sem lupa, sem lentes, mas com um pensamento experimental eficaz: a extrapolação, ao ver grãos de poeira num raio de luz, da existência de partículas invisíveis a olho nu, certamente, no entanto de fato existentes. E a conclusão de que o ordenamento desses átomos dá conta da constituição de toda matéria, portanto do mundo.

De Leucipo a Diógenes de Oenanda, passando por Epicuro, Lucrécio e Filodemo de Gádara, a tradição atomista está viva. Perdura durante oito séculos na Antiguidade grega e romana. *Da natureza das coisas* oferece a exposição mais completa da física epicurista: forma, natureza, peso, número, constituição dos átomos, ordenamento no vazio, teoria da declividade, geração e corrupção, nada falta para uma decodificação integral do mundo. Certamente, se tudo é composto de matéria, a alma, o espírito, os deuses também o são. Igualmente os homens. Com o advento da imanência pura, cessam as ficções, as fábulas, portanto as religiões, e desaparecem os meios de circunscrever o corpo e a alma dos habitantes da cidade.

A física antiga procede de um método poético. Apesar de tudo ela é confirmada com o tempo. Os séculos passam mas, na hora do microscópio de escaneamento eletrônico, dos aceleradores de partículas, dos pósitrons, da fissão nuclear e dos meios tecnológicos de entrar no núcleo da matéria, a intuição democritiana é validada. O átomo filosófico recebe a investidura do mundo científico – nuclear em particular. Contudo, a Igreja persiste até esse momento numa posição idealista, espiritualista, antimaterialista: na alma resiste um real irredutível a qualquer matéria.

Não é de espantar, então, que o materialismo constitua a ovelha negra do cristianismo desde a origem. A Igreja não recua diante de nada para desacreditar essa filosofia coerente que dá conta absolutamente de todo o real. Como proceder melhor, para impedir o acesso à física atômica, do que desacreditando a moral atomista? Calunie-se, pois, a ética epicurista: o epicurista define o prazer pela ataraxia? Transforme-se essa definição negativa – ausência de problemas – em aberração definitiva, e diga-se que ele celebra o gozo bestial, grosseiro e trivial dos animais! Então, deixa-se de considerar notável uma física perigosa aos olhos da casta cristã uma vez que ela procede de um porco de Epicuro... Calunie-se dez vezes, cem vezes, um século, dez séculos, resta sempre algo de útil para o partido do sicofanta – são Jerônimo em primeiro lugar.

Assim, a Igreja golpeia por toda parte em que surja uma suspeita de materialismo. Quando morre Giordano Bruno, queimado pelos cristãos na foguería do Campo dei Fiori em 1600, ele perece menos por ateísmo – nunca negou a existência de Deus – do que por materialismo – afirma a igual extensão de Deus e do mundo. Em lugar nenhum ele blasfema, em nenhuma parte de sua obra professa injúrias contra o Deus dos católicos, ele escreve, pensa e afirma que esse Deus, que existe, não pode existir extensivamente. A substância ampliada do vocabulário que virá com Descartes.

Giordano Bruno, dominicano aliás (!), não nega a existência do espírito. Mas, para sua desgraça, situa sua existência no nível físico dos átomos. Entende as partículas como centros de vida, lugares em que se manifesta o espírito coeterno de Deus. A divindade portanto existe, certamente, mas compõe com a matéria, é seu mistério resolvido. Na encarnação de Deus a Igreja acredita, mas apenas num Filho gerado por uma virgem e um carpinteiro. De modo algum nos átomos...

O mesmo se observa com Galileu, o emblemático representante do ódio da Igreja à ciência e do conflito entre Fé e Razão. A lenda guarda a história do heliocentrismo: o papa e os seus condenam o autor do *Diálogo sobre os dois maiores sistemas do mundo* por ele defender a hipótese da terra satélite de um sol localizado no centro do universo. Acusação, processo, retratação, conhecemos a história que termina com um Galileu afirmando ao sair do tribunal: *E no entanto ela se move...* – dixit Brecht.

De fato, as coisas aconteceram de outra maneira. O que se censura *de verdade* em Galileu? Não tanto sua defesa da astronomia copernicana – tese contudo contrária à posição aristotélica da Igreja – quanto sua tomada de posição materialista...

Na época, diante dos tribunais o heliocentrismo equivale a domicílio necessário pelo resto da vida, pena relativamente suave; em contrapartida, a defesa do atomismo leva diretamente à fogueira! Nesse caso, é melhor escolher o motivo menos danoso... No caso, antes confessar o pecado de heliocentrismo, venial, do que o pecado atômico, mortal.

5
Uma ontologia de padaria

Por que razão a Igreja faz tanta questão de perseguir os defensores de uma concepção atomista do mundo? Em primeiro lugar porque a existência da matéria, com exclusão de qualquer outra realidade, leva conseqüentemente a afirmar a existência de um Deus material. Portanto à negação de seu caráter espiritual, intemporal, imaterial e outras qualidades que constam em sua carteira de identidade cristã. Ruína, então, do Deus intangível criado pelo judeo-cristianismo.

Mas há uma outra razão, de padaria, no caso. Pois a Igreja acredita na transubstanciação. Ou seja? Ela afirma, a partir das palavras de Jesus na Ceia – *Este é meu corpo, este é meu sangue* (Mt XXVI, 26-28) –, que o corpo real e o sangue real de Cristo encontram-se no pão ázimo. Não simbolicamente, nem alegoricamente, mas realmente... Na hora da elevação, o padre, portanto, carrega nas mãos o corpo do Cristo real.

Por que operação do Espírito Santo o pão do padeiro produz o mistério de um corpo multiplicado e de um sangue superabundante em todo o planeta? No próprio momento em que os padres oficiam, na totalidade do globo, a cada vez é *realmente* a carne de um morto ressuscitado que reaparece em seu eterno frescor, tal que a eternidade não o modifica. Aficionado por lingüística, Cristo utiliza o performativo e cria realidade por sua palavra: faz com que seja o que ele diz pelo simples fato de o formular.

A Igreja dos primeiros tempos crê nesse milagre. A dos últimos também. O *Catecismo da Igreja católica* – versão século XXI... – continua afirmando a presença *real* de Cristo nas espécies eucarísticas (artigo 1373). Seguem-se, para legitimar essa fábula, referências ao concílio de Trento, à *Suma teológica* de são Tomás de Aquino, aos Mistérios da Fé – rotulado com o número 39 pela Igreja – e outros textos de João Crisóstomo que, em sua *Primeira homilia contra os anomeanos*, tem razão em aprovar a exortação de Paulo de Tarso que afirma aos coríntios como ocasião de júbilo: *a ciência será abolida* (1 Cor XIII, 8). Parece necessário partir de um postulado como esse para chegar a tais inépcias!

Portanto a Igreja de sempre acredita na presença real do corpo e do sangue de Cristo no pão do padeiro e no néctar do viticultor. Mas, para engolir essa pílula antológica, são necessárias algumas contorções intelectuais, e não das menores. E é a caixa de ferramentas conceituais de Aristóteles, filósofo querido do Vaticano, que permite esse magnífico passe de mágica. Daí uma série de números de ilusionistas permanentes com as categorias metafísicas do Estagirita.

Explicação: o corpo de Cristo encontra-se *verdadeiramente*, *realmente*, *substancialmente* – vocabulário oficial – na hóstia –, idem a hemoglobina no vinho. Pois a *substância* do pão desaparece com as palavras do padre enquanto persistem as *espécies sensíveis*, os *acidentes* – cor, sabor, calor, frio. As espécies mantêm-se pela vontade divina de maneira miraculosa. Quem pode mais – criar um mundo – pode menos – enganar quanto a uma mercadoria de padaria. Tem gosto de pão, certo, mas não é (ou já não é) pão! Mesma observação para o vinho: é muito semelhante, é branco, como o sangue vermelho de Cristo, não embriaga (ou não mais), mas apesar disso trata-se de um Monbazillac*.

São necessários esses malabarismos com a substância e as espécies sensíveis para conseguir fazer o fiel acreditar que o que é (o pão e o vinho) não existe, e que o que não é (o corpo e o sangue de Cristo) existe de fato! Truque de prestidigitação me-

* Famoso vinho branco produzido em Montbazillac, região da Dordogne. (N. da T.)

tafísica sem igual! Quando a teologia interfere, a gastronomia e a enologia, até mesmo a dietética e a hematologia, renunciam a suas pretensões. Ora o destino do cristianismo se desempenha nessa lamentável comédia de jogo de azar ontológico.

6
Epicuro não gosta de hóstias

E Epicuro em tudo isso? Ele gosta de pão, pois seu banquete com um naco de pão e um modesto pote de queijo atravessa os séculos e deixa recordações imperecíveis na história da filosofia. Mas ele daria risada do coelho eucarístico saído da cartola cristã! Uma longa e inextinguível risada... Pois, em nome dos princípios enunciados na *Carta a Heródoto*, uma hóstia se reduz a átomos. Lucrécio explicaria como, com farinha de frumento e água, evitando fermento, é fabricada aquela bolacha branca, insípida, que se torna pastosa na boca, fundente, com um pacotinho de átomos ligados a seus semelhantes. Nada de útil para a ficção da transubstanciação. A matéria, nada mais.

Eis o perigo do atomismo e do materialismo: torna metafisicamente impossíveis as lorotas teológicas da Igreja! Nas aferições atômicas contemporâneas, encontra-se no pão e no vinho unicamente a predição de Epicuro: matérias. As escamoteações possibilitadas pelas logorréias sobre as substâncias e as espécies sensíveis tornam-se impossíveis com a teoria epicurista. Por isso é preciso abater os discípulos de Demócrito. Especialmente desacreditando suas vidas, suas biografias, travestindo sua ética ascética em licença, desvergonha e bestialidade.

Em 1340, Nicolau de Autrecourt tem a audácia de propor uma teoria extremamente moderna, mas atomista, da luz: acredita em sua natureza corpuscular (a modernidade valida hoje essa teoria), o que supõe uma identificação da substância e das qualidades. Perigo para o caldo metafísico aristotélico! Sem hesitar, a Igreja obriga-o a abjurar e queima seus escritos. É o início de uma perseguição a todas as pesquisas científicas que passam pelo atomismo – que os jesuítas proíbem a partir de 1632, e isso durante séculos. O materialismo (artigos 285 e 2124 do *Catecismo*) continua figurando entre as condenações da Igreja contemporânea...

7
A predeterminação da falha

Uma vez que o amontoado bíblico basta a toda ciência, a Igreja passa ao largo de todas as descobertas principais efetuadas durante os dez séculos em que o desenvolvimento da inteligência é contido mas não impedido pelas autoridades católicas, apostólicas e romanas. O progresso se faz graças a indivíduos rebeldes, pesquisadores determinados, cientistas que privilegiam as verdades da razão em detrimento das crenças da fé. Mas, se examinarmos um pouco as reações da Igreja diante das descobertas científicas nos últimos mil anos, ficaremos estupefatos com as falhas acumuladas.

Portanto, recusa do atomismo em nome do aristotelismo; depois recusa de todo mecanismo em nome da intencionalidade de um Deus criador: uma vez que o Gênese conta que Deus parte do nada e cria o mundo em uma semana, tudo o que contraria essa tese desencadeia a fúria do Vaticano. Causalidades racionais? Encadeamentos razoáveis? Relações dedutíveis da observação? Método experimental? Dialética das razões? Só faltava essa... Deus decide, quer, cria: ponto final! Outra opção que não o criacionismo? Impossível.

Pesquisadores acreditam na eternidade do mundo? Na pluralidade dos mundos? (Teses epicuristas, aliás...) Impossível: Deus criou o universo a partir de nada. Antes de nada, não há... nada. As trevas, o caos, mas também, em meio a esse cafarnaum de nada, Deus e suas veleidades de mudar tudo isso. A luz, o dia, a noite, o firmamento, o céu, a terra, as águas, conhecemos a história até os bichos, répteis, animais selvagens e outros humanos. Esta é a história oficial: genealogia datada. A eternidade dos mundos? Impossível...

Após cálculos precisos e minuciosos, cientistas confirmam a idéia de Aristarco: o Sol encontra-se mesmo no centro de nosso mundo. A Igreja responde: impossível. A criação de um Deus perfeito não pode estar em outro lugar que não o centro, lugar de perfeição. E depois o sol central quase reativa os cultos solares pagãos... A periferia seria o sinal de uma inconcebível imperfeição, *portanto* não pode ser provada cientificamente! O real está errado, e a ficção tem razão. O heliocentrismo? Impossível...

Lamarck primeiro, Darwin em seguida, publicam suas descobertas, depois afirmam um, que as espécies se transformam, o outro, que elas evoluem segundo leis chamadas da seleção natural. Os leitores do único Livro balançam a cabeça: Deus criou integralmente o lobo e o cão, o rato da cidade e o rato do campo, o gato, a doninha e o coelho. Nenhuma probabilidade de que uma comparação de ossadas prove a evolução ou a transformação. E depois essa idéia de que o homem provém do macaco! Ferimento insuportável, explica Freud. O papa, primo de um babuíno? Miséria... O transformismo? O evolucionismo? Impossíveis...

Na atmosfera laboriosa de seus gabinetes de trabalho, cientistas afirmam o poligenismo – na origem, existência simultânea de um grupo de humanos em vários pontos geográficos. Contradição, arrota a Igreja: Adão e Eva são, de fato, realmente, o primeiro homem e a primeira mulher, antes deles nada existe. O casal primeiro, o do pecado original, permite a lógica do erro, da culpa, do resgate e da redenção. O que fazer de homens e mulheres existentes antes do pecado, portanto poupados por ele? Os pré-adamitas? Impossível...

Limpando pedras, escrutando fósseis, geólogos propõem uma datação do mundo. As conchas descobertas em montanhas, os estratos e as camadas testemunham por uma cronologia imanente. Mas, problema: o número não corresponde à numerologia sagrada fornecida pela Bíblia. Os cristãos afirmam que o mundo tem quatro mil anos, nem mais nem menos. Os cientistas provam a existência de um mundo antes do mundo deles. A ciência está errada... A geologia, disciplina fiável? Impossível.

Homens de boa vontade não suportam a morte e a doença, e para compreender como fazer recuar as epidemias, as patologias, querem abrir corpos para aprender com o cadáver lições úteis aos vivos. Seu desejo? Que a morte salve a vida. A Igreja opõe-se terminantemente a pesquisas com os corpos. Não há causalidades racionais, mas razões teológicas: o mal, a morte decorrem de Eva, a pecadora. A dor, o sofrimento, a doença procedem de uma vontade e de uma decisão divinas: trata-se de pôr à prova a fé dos homens e de seus próximos. Os caminhos do Senhor são impenetráveis, mas ele age de acordo com um plano que só ele conhece. Causalidades materiais das patologias? Uma etiologia racional? Impossível...

Ao pé de seu divã, por volta de 1900, um médico vienense descobre o inconsciente, os mecanismos do recalcamento e da sublimação, a existência da pulsão de morte, o papel do sonho e mil outros achados que revolucionam a psicologia então em seu estágio pré-histórico; ele elabora um método que trata, aplaca, cura as neuroses, as afecções mentais, as psicoses; é verdade que de passagem, em *Futuro de uma ilusão*, ele prova também que toda religião procede de uma "neurose obsessiva" que igualmente mantém relações com a "psicose alucinatória". A Igreja condena, decreta sua fatwa e coloca no Índex. O homem animado por uma força sombria situada em seu inconsciente? Isso atinge o dogma do livre-arbítrio tão necessário aos cristãos para tornar cada um responsável, portanto culpado, portanto punível... Tão útil também para justificar a lógica do juízo final! Freud e suas descobertas? Ora, vamos... A psicanálise? Impossível...

E depois, para terminar: os geneticistas do século XX descobrem a carteira de identidade genética, entram devagarinho nesse universo que oferece possibilidades magníficas em termos de construção de um diagnóstico, de prevenção das doenças, de tratamentos mais precisos, de patologias a serem impedidas, trabalham no advento de uma medicina preditiva que revoluciona a disciplina: *A carta dos agentes de saúde*, editada pelo Vaticano, condena. Evitar dores e sofrimento?

Imaginar-se dispensados do preço a pagar pelo pecado original? Querer uma medicina humana? Impossível...

Espantosa predeterminação de fracasso! Essa constância em (se) enganar, em recusar a verdade, essa persistência na pulsão de morte lançada contra a vida das pesquisas, a vitalidade da ciência, o dinamismo do progresso, é sempre de assombrar! A condenação das verdades científicas – a teoria atomista, a opção materialista, a astronomia heliocêntrica, a datação geológica, o transformismo, depois o evolucionismo, a terapia psicanalítica, o gênio genético –, esses são os sucessos de Paulo de Tarso que apelava para matar a ciência. Projeto bem-sucedido além de toda esperança!

Compreende-se que para chegar a essa taxa fenomenal de êxito no fracasso a Igreja deva ter mostrado uma determinação inominável! A perseguição, as colocações no Índex, as fogueiras, as maquinações da Inquisição, as prisões, os processos não cessaram... Houve proibição durante séculos de ler diretamente a Bíblia sem a mediação do clero. Nem pensar em abordar esse livro com as armas da razão, da análise, da crítica, como historiador, como filólogo, como geólogo, como cientista. Com Richard Simon no século XVII aparecem os primeiros estudos exegéticos cristãos sobre o Velho e o Novo Testamento. Evidentemente, Bossuet e a Igreja católica o perseguem intensamente. O fruto da árvore do conhecimento libera um longo amargor na boca...

III

DESEJAR O INVERSO DO REAL

1
Inventar além-mundos

Os monoteísmos não gostam da inteligência, dos livros, do saber, da ciência. A isso, acrescentam forte aversão à matéria e ao real, portanto a toda forma de imanência. À celebração da ignorância, da inocência, da ingenuidade, da obediência, da submissão, as três religiões do Livro acrescentam um similar desgosto da textura, das formas e das forças do mundo. Este mundo não tem direito de cidadania, pois a terra inteira carrega o peso do pecado original até o fim dos tempos.

Para expressar esse ódio pela matéria, os monoteístas criaram integralmente um mundo de antimatéria! Na Antiguidade, vilipendiada quando se trata de ciência, as doutrinas do Deus único solicitam Pitágoras – por sua vez formado no pensamento religioso oriental... – e Platão para construir sua cidade sem carne: as Idéias fazem maravilhas nessa empreitada intelectual, assemelham-se exatamente a clones de Deus: como ele são eternas, imortais, sem extensão, inacessíveis ao tempo, elas escapam à geração e à corrupção, resistem a toda apreensão sexual, fenomenal, corporal, não exigem nada além de si mesmas para existir, perdurar, perseverar em seu ser, e tutti quanti! Suas identidades colam-se às de Javé, Deus e Alá. Com tal substância, os monoteísmos criam castelos na Espanha úteis para desacreditar qualquer outra habitação real, concreta e imanente.

Daí a esquizofrenia dos monoteísmos: julgam e avaliam o aqui e agora em nome de um alhures; pensam a cidade terrestre unicamente em confronto com a cidade celeste; preocupam-se com os homens, mas conforme padrão dos anjos; consideram a imanência se, e apenas se, ela serve como degrau para a transcendência; aceitam preocupar-se com o real sensível, mas para medir a relação que tem com seu modelo inteligível; consideram a Terra, contanto que ela forneça a oportunidade do Céu. Por encontrar-se entre essas duas instâncias contraditórias, cria-se um buraco no ser, um ferimento ontológico impossível de fechar. Desse vazio existencial sem preenchimento nasce o mal-estar dos homens.

Também aí o monismo atomista e a unidade materialista permitem evitar essas metafísicas ocas. A lógica de quem pensa o real exclusivamente constituído de matéria e o real redutível apenas a suas manifestações terrestres, sensuais, mundanas, fenomenais, impede a errância mental e a ruptura com o único e verdadeiro mundo. O dualismo pitagórico, platônico, cristão fragmenta o ser que se submete a ele. Visando o Paraíso, perde-se a Terra. A esperança de um além, a aspiração a um além-mundo gera infalivelmente o desespero aqui e agora. Ou a imbecil beatitude do bem-aventurado do presépio...

2
Os pássaros do Paraíso

Esse mundo fora do mundo produz duas criaturas fantasiosas: o Anjo e o Paraíso. O primeiro funciona como protótipo do anti-homem, o segundo, como antimundo. Motivo para pedir aos humanos que detestem sua condição e desprezem seu real para aspirar a outra essência, depois a outra existência. A asa do Anjo significa o contrário do razoamento dos homens na terra; a geografia do Paraíso testemunha uma definitiva atopia, uma eterna utopia e uma ucronia congênita.

Os judeus dispõem de sua própria criação de criaturas aladas: os querubins guardam a entrada do jardim do Éden, os serafins os acompanham, lembremos o que visita Abraão, ou seu compadre lutando com Jacó. Sua função? Louvar o Eterno numa corte celeste. Pois Deus ignora as pequenezas humanas; certamente, apesar disso no entanto gosta da celebração de sua grandeza. Talmud e Cabala a contêm em profusão. Servidores de Deus, portanto, mas também protetores dos justos e dos filhos de Israel, às vezes são vistos deixando sua morada celeste para levar uma mensagem de Deus aos homens. O Hermes pagão nunca está muito longe, também emplumado, mas no chapéu e nos pés...

Puros espíritos compostos de luz – o que, com toda a lógica, não impede as penas e as asas, certamente espirituais e luminosas... –, os anjos merecem nossa atenção, pois são desprovidos de sexo. Nem homens nem mulheres, andróginos, infantis mesmo, poupados pelas angústias da cópula. Felizes voláteis, ignoram a condição sexuada: sem desejo, sem libido; aves beatas, não conhecem a fome nem a sede, mesmo assim alimentam-se de maná – a ambrosia dos deuses pagãos –, porém, é claro, não defecam; pássaros alegres, ignoram a corrupção, a decadência e a morte.

E há também anjos caídos, rebeldes: as criaturas insubmissas. No jardim do Éden, o Diabo – "o caluniador, o que demole", diz o Littré – ensina o que sabe: a possibilidade de desobedecer, de não se submeter, de dizer não. Satã – "o oponente, o acusador", mais uma vez o Littré – sopra o espírito de liberdade sobre as águas sujas do mundo das origens em que triunfa unicamente a obediência – reino da servidão máxima. Para além do Bem e do Mal, e não encarnação deste último, o Diabo diz os possíveis libertários. Devolve aos homens seu poder sobre si mesmos e sobre o mundo, livra de toda tutela. Esses anjos caídos, como é de esperar, angariam o ódio dos monoteístas. Em contrapartida, gozam da paixão incandescente dos ateus...

3
Desejar o inverso do real

Evidentemente, o lugar desses corpos impossíveis é também impossível: o Paraíso – ainda segundo o Littré: "jardim fechado". Pentateuco, Gênese e Corão cultuam essa geografia histérica. Mas os muçulmanos dão sua descrição mais completa. Ela vale a pena! Riachos, jardins, rios, fontes, canteiros floridos, frutas e bebidas magníficas, huris de olhos grandes, sempre virgens, jovens graciosos, camas em abundância, trajes esplêndidos, tecidos luxuosos, adornos extraordinários, ouro, pérolas, perfumes, louças preciosas, nada falta nesse folheto de centro de informações turísticas ontológico.

A definição do Paraíso? O antimundo, o contrário do real. Os muçulmanos respeitam escrupulosamente os ritos, comungam numa lógica rigorosa do lícito e do ilícito, obedecem às leis drásticas que regem a divisão das coisas em puras e impuras. No Paraíso, tudo isso cessa, já não há obrigações, já não há ritos, já não há preces. No banquete celeste, toma-se vinho (LXXXIII, 25 e XLVII, 15), consome-se carne de porco (LII, 22), canta-se, porta-se ouro (XVIII, 31) – proibido em vida –, come-se e bebe-se em pratos e taças de metais preciosos – ilícito na terra –, veste-se seda – repugnante neste mundo, o fio é um dejeto de larva... –, bolinam-se as huris (XLIV, 54), dispõe-se de virgens eternas (LV, 70) ou de efebos (LVI, 17) sobre camadas de pedras preciosas – sob a tenda do deserto, é um tapete e as mulheres legítimas, três no máximo...: de fato, tudo o que foi proibido torna-se de livre acesso, ad libitum...

No acampamento, a louça é de cerâmica: no Paraíso, de pedras e metais preciosos; sob a tenda, sentados em tapetes de pêlos duros, partilha-se uma ração modesta que não é fácil encontrar todos os dias, leite de camela, carne de carneiro, chá de menta: no Céu, alimentos e bebidas abundam em quantidades astronômicas, dispostos sobre toalhas de cetim verde, de brocado; sob o velo tribal, os cheiros são rudes, fortes, potentes – suor, sujeira, couros, peles de animais, vapores, sebo, gordura: em companhia de Maomé, apenas fragrâncias magníficas – cânfora, almíscar, gengibre, incenso, mirra, canela, cravo, ládano; em volta do fogo, quando porventura se toma álcool, a embriaguez ameaça: nos empíreos muçulmanos, ignora-se a ebriedade (XXXVII, 47) e, coisa apreciável, a dor de cabeça (LVI, 19), e além disso a ingestão sem moderação não traz o risco de gerar o pecado!

Sempre na lógica do Paraíso como antimundo desejável para fazer aceitar o mundo real, freqüentemente indesejável: o islã é originalmente uma religião do deserto de clima rude, quente e violento; no Paraíso reina uma eterna primavera, nem sol, nem lua, eterna claridade, nunca de dia, nunca de noite; o siroco curte a pele, o harmatã calcina a carne? No céu islâmico, o vento com bálsamo de almíscar se abastece de suavidade nos rios de leite, de mel, de vinho e de água, depois distribui generosamente sua doçura; a coleta é freqüentemente temerária, encontram, não se encontram, encontram-se poucas, bagas ridículas, tâmaras por unidade, figos raros? Na morada de Maomé existem uvas tão grandes que um corvo que queira voar em torno do cacho precisa de mais de um mês para completar seu périplo! Na imensa extensão de areia dos desertos, o frescor da sombra é raríssimo, bem-vindo? No palacete das Idéias muçulmanas, um cavalo leva cem anos para sair da sombra de uma bananeira. As caravanas são longas nas dunas, os avanços lentos, os quilômetros intermináveis na areia? A estrebaria do Profeta tem cavalos alados, constituídos de rubi vermelho, livres das coerções materiais, movem-se a velocidades siderais...

O mesmo se observa, finalmente, para o corpo. Parceiro trabalhoso que, sem trégua, exige sua ração de água, sua quantidade de alimento, sua satisfação libidinal, ocasiões de distanciamento do Profeta e da prece, razões de servidão às necessidades naturais, o corpo no Paraíso brilha em sua imaterialidade: já não há refeições, a não ser por prazer. No caso de uma ingestão, a digestão não incomoda – também Jesus que ingere pão, vinho e peixe nunca excreta...: nem flatulências, nem gás emitido, pois esses vapores pestilenciais na terra tornam-se no céu eructações almiscaradas exaladas do corpo como umidade!

Já não estamos submetidos às necessidades da criação para garantir uma descendência; já não dormimos, pois então ignoramos o cansaço; não nos assoamos nem cuspimos; ignoram-se as doenças até o fim dos tempos; riscam-se do vocabulário tristeza, medo e humilhação, tão freqüentemente imperiosas na terra; já não se deseja – o desejo é dor e falta, diz a tradição platônica... –, basta que ele apareça para transformar-se imediatamente em prazer: olhar um fruto com vontade é suficiente para sentir seu gosto, sua textura e seu aroma na boca...

Quem pode recusar isso? Compreende-se que, tentados por esse ócio de sonho eterno, milhões de muçulmanos partam para os campos de batalha depois da primeira incursão do Profeta em Nakhla até a guerra Irã-Iraque; que bombas humanas terroristas palestinas desencadeiem a morte nos terraços de café israelenses; que piratas do ar precipitem aviões de carreira contra as Torres Gêmeas de Nova York; que colocadores de explosivos estourem trens cheios de pessoas que vão para o trabalho em Madri. E ainda é preciso cultuar essas fábulas que sideram a mais modesta inteligência...

4
Acabar com as mulheres

Deve-se ver no ódio às mulheres, comum ao judaísmo, ao cristianismo e ao islã, a conseqüência lógica do ódio à inteligência? Volta aos textos: o pecado original, a culpa, essa vontade de saber, passa antes pela decisão de uma mulher, Eva. Adão, o imbecil, satisfaz-se totalmente em obedecer e submeter-se. Quando a serpente (Iblis no Corão, lapidada há séculos por milhões de peregrinos em Meca sob a forma primitiva de um bétilo...) fala – é normal, todas as serpentes falam... –, dirige-se à mulher e trava um diálogo com ela. Serpente tentadora, mulher tentada, portanto mulher eternamente tentadora, é um passo simples...

O ódio às mulheres assemelha-se a uma variação sobre o tema do ódio à inteligência. Acrescente-se, o ódio a tudo o que elas representam para os homens: o desejo, o prazer, a vida. A curiosidade também – Littré confirma que se denomina "filha de Eva" toda mulher curiosa. Ela dá desejo, dá a vida também: por ela perpetua-se o pecado original que Agostinho afirma transmitir-se por nascença, no ventre da mulher, por meio do esperma do pai. Sexualização da culpa.

Os monoteísmos preferem mil vezes o Anjo à Mulher. É preferível um mundo de serafins, de tronos e de arcanjos a um universo feminino, pelo menos misto! Nada de sexo, sobretudo. A carne, o sangue, a libido, naturalmente associados às mulheres, fornecem para o judaísmo, o cristianismo e o islã ocasiões de decretar o ilícito, o impuro, portanto de desencadear combates contra o corpo desejável, o sangue das mulheres liberadas da maternidade, a energia hedonista. Bíblia e Corão saciam-se nos anátemas sobre esses temas.

As religiões do Livro detestam as mulheres: gostam apenas das mães e das esposas. Para salvá-las de sua negatividade consubstancial, há para elas apenas duas soluções – de fato uma em dois momentos –, casar-se com um homem, depois lhe dar filhos. Quando se ocupam do marido, cozinham para ele, resolvem os problemas do lar, quando acrescentam a isso a alimentação dos filhos, os cuidados, a educação deles, já não resta lugar para o feminino: a esposa e a mãe matam a mulher, e com isso contam os rabinos, os padres, os imãs para a tranqüilidade do homem.

O judeo-cristianismo defende a idéia de que Eva – ela existe no Corão como mulher de Adão, certamente, mas nunca é nomeada, sinal... o inominado é inominável! – foi criada secundariamente (surata III, 1), acessoriamente, a partir da costela de Adão (Gn II, 22)! Um pedaço inferior removido do corpo prínceps. Antes o macho, depois, como fragmento retirado, resto, migalha: a fêmea. A ordem de chegada, a modalidade existencial participativa, a responsabilidade da culpa, tudo oprime Eva. Desde então, ela paga caro.

Seu corpo é maldito, e também ela toda. O óvulo não fecundado exacerba o feminino oco, por negação da mãe. Daí a impureza das regras. O sangue menstrual apresenta igualmente o perigo dos períodos de infecundidade. Uma mulher estéril, infecunda, esse é o pior oximoro para um monoteísta!

E ainda esse período não tem perigo para a maternidade, não há risco de gravidez, a sexualidade pode então ser dissociada do medo, depois praticada por ela própria. A potencialidade de uma sexualidade desligada da procriação, portanto de uma sexualidade pura, de uma pura sexualidade, eis o mal absoluto.

Em nome desse mesmo princípio, os três monoteísmos condenam à morte os homossexuais. Por que razões? Porque sua sexualidade impede – até agora... – os destinos de pai, de mãe, de esposo e de esposa, e afirma claramente a primazia e o valor absoluto do indivíduo livre. O celibatário, diz o Talmud, é um meio-homem (!), ao que o Corão responde nos mesmos termos (XXIV, 32), enquanto Paulo de Tarso vê no solteiro um perigo para a concupiscência, o adultério, a sexualidade livre. Daí sua exortação, em lugar da castidade impossível, ao casamento, a melhor das reduções libidinais.

Do mesmo modo, encontra-se crítica semelhante do aborto nas três religiões. A família funciona como horizonte intransponível, como célula básica da comunidade. Supõe os filhos, que o judaísmo considera a condição de sobrevivência de seu Povo, que a Igreja deseja ver crescer e multiplicar, que os muçulmanos vêem como sinal de bênção do Profeta. Tudo o que obstrui essa demografia metafísica desencadeia a cólera monoteísta. Deus não gosta de planejamento familiar.

Assim, logo após dar à luz a mãe judia entra num ciclo de impureza. O sangue, sempre o sangue. No caso de um filho, a proibição de entrar no santuário é de quarenta dias; para as filhas, sessenta! Dixit o Levítico... É conhecida a prece judaica da manhã que convida cada homem a bendizer Deus durante o dia por o ter feito judeu, não escravo e... não mulher (Men. 43b)! Sabe-se também que o Corão não condena explicitamente a tradição tribal pré-islâmica que justifica a *vergonha* de se tornar pai de uma filha e legitima a interrogação: *conservar* a criança ou *enterrá-la na poeira* (XVI, 58)? (A edição parcial da Pléiade esclarece em nota, provavelmente para atenuar a barbárie, que é por medo da pobreza – mesmo que fosse!)

Por sua vez, alegres companheiros, os cristãos submetem a discussão no concílio de Mâcon, em 585, o livro de Alcidalus Valeus intitulado *Dissertação paradoxal em que se tenta provar que as mulheres não são criaturas humanas...* Não se sabe onde está o paradoxo (!) nem se o ensaio foi transformado, tampouco se Alcidalus conquistou seu público de hierarcas cristãos já partidários de sua causa – basta aprovar as inúmeras imprecações misóginas de Paulo de Tarso... –, mas a prevenção da Igreja com respeito às mulheres continua de sinistra atualidade.

5
Celebração da castração

São conhecidas as peripécias de Orígenes que toma Mateus ao pé da letra. O evangelista disserta (XIX, 12) sobre os eunucos, estabelece uma tipologia – privados de testículo de nascença, castrados pelos outros, ou mutilados por si mesmos por causa do reino de Deus – e conclui: "quem puder compreender que compreenda". Esperto, Orígenes em carne viva e com um golpe de espada suprime seus genitais – provavelmente antes de descobrir que o desejo não é questão de escroto, mas de cérebro. Porém tarde demais...

A literatura monoteísta abunda em referências à extinção da libido e à destruição do desejo: elogio da continência, celebração da castidade no absoluto; depois, no relativo, e porque os homens não são deuses nem anjos, mas animais com os quais é preciso compor, promoção do casamento com fidelidade à esposa – ou às esposas em casos judeus ou muçulmanos –, enfim, concentração de toda a sexualidade na direção da procriação. A família, o casamento, a monogamia, a fidelidade são variações sobre o tema da castração... Como tornar-se um Orígenes virtual.

O Levítico e os Números estabelecem precisamente a regra em matéria de intersubjetividade sexual judaica: negação de relações sexuais fora do casamento; legitimação da poligamia; divórcio segundo decisão do esposo sem grandes formalidades – entrega de uma carta, um *alerta* à esposa repudiada é o suficiente; ilegalidade do casamento com um não-judeu; transmissão da judeidade pela mãe – ela tem nove meses para provar que é judia, uma vez que o pai nunca é certo...; proibição às mulheres de estudar a Torah – obrigatório para os homens; não há autorização, para as descendentes de Eva, para recitar preces, vestir o xale, ostentar os filactérios, tocar o *chofar*, construir a cabana ritual – uma *sukka* –, participar do grupo mínimo de dez necessário à prece – o *minyan*; inelegibilidade para as funções administrativas e judiciárias; autorização para possuir, mas não para gerar nem administrar seus próprios bens, tarefa do marido. Pode-se verificar que Deus faz o homem à sua imagem, não à da mulher...

A leitura do Corão mostra o evidente parentesco entre essas duas religiões. O islã afirma claramente a superioridade dos machos sobre as fêmeas, pois Deus prefere os homens às mulheres (IV, 34). Daí uma série de ditames: proibição de deixar ao ar livre os cabelos – o véu (XXIV) –, a pele dos braços e das pernas; não há sexualidade fora da relação legítima com um membro da comunidade que por sua vez pode ter várias esposas (IV, 3); condenação da poliandria para as mulheres, é claro; elogio, evidentemente, da castidade (XVII, 32 / XXXIII, 35); proibição de se casar com um não-muçulmano (III, 28); proibição para as mulheres de usar roupas de homem; não há mistura de homens e mulheres na mesquita; apertar a mão de um homem, só de luvas; casamento obrigatório, o celibato não é tolerado (XXIV, 32) nem mesmo em nome da religião; paixão e amor desaconselhados no casamento celebrado pelo bem da família (IV, 25), da tribo e da comunidade; exortação a se submeter a todos os desejos sexuais do marido – que *lavra* sua mulher à vontade, como sua terra, a metáfora é corânica (II, 223)...; legitimação do espancamento da esposa em caso de suspeita, nem é preciso provar a culpa (IV, 34); mesma facilidade para repudiar, mesma minoridade existencial, mesma inferioridade jurídica (II, 228) – um testemunho feminino equivale à metade de um testemunho masculino; uma mulher estéril e uma mulher deflorada antes do casamento valem a mesma coisa: nada.

Daí um elogio da castração: as mulheres são demais. Desejo demais, prazer demais, excessos demais, paixões demais, arroubo demais, sexo demais, delírio demais. Elas põem em perigo a virilidade do homem. Deus, a meditação, a prece, o cumprimento dos ritos, a observância do lícito e do ilícito, a preocupação com o divino nos menores detalhes da vida cotidiana, para isso é preciso inclinar-se. O Céu, não a Terra. Menos ainda o pior da Terra: os Corpos... A mulher, longínqua tentada transformada em perpétua tentadora, ameaça a representação que o homem faz de si mesmo, falo triunfante, ostentado como um amuleto do ser. A angústia da castração move toda existência vivida sob o olhar de Deus.

6
Guerra aos prepúcios!

Não é de espantar, então, que os judeus façam tanta questão da circuncisão, seguidos nesse aspecto como em tantos outros pelos muçulmanos, que um debate sobre o assunto anime o cristianismo em sua origem e que Paulo de Tarso, também ele circunciso, resolva o problema para os cristãos que decidem poupar a carne real dando preferência à *circuncisão do coração* (At XV, 1), do espírito e de outras coisas que se queiram – os lábios, verdadeiros, os da boca, os olhos, as orelhas e outras partes do corpo repertoriadas no Novo Testamento. Isso hoje dispensa os cristãos – com exceção dos coptas, cristãos do Egito – de exibir sua glande ao ar livre...

Estranho que a excisão – a circuncisão feminina, muitas línguas usam a mesma palavra para as duas mutilações – das meninas revolte o ocidental mas não gere nenhuma condenação quando praticada nos meninos. O consenso parece absoluto, até que se convide o interlocutor a refletir sobre a legitimidade dessa operação cirúrgica que consiste em amputar uma parte sadia do corpo de uma criança não-conivente sem razão médica – a definição jurídica de... mutilação.

Quando uma filósofa canadense – Margaret Somerville – aborda a questão fora de qualquer espírito polêmico, com argumentos da razão, mobilizando a comparação, a análise, quando fornece verdadeiras informações anatômicas, científicas, neuropatológicas, psicológicas que apóiam a tese da mutilação, ela é envolvida por uma intensa barragem de fogo por parte de seus compatriotas, a tal ponto que, depois desse levante de escudos nacional, ela persiste em suas análises, certamente, mas suspende seu julgamento e consente em legitimar a circuncisão por razões... religiosas. (A título de informação, 60% dos americanos são circuncisos, 20% dos canadenses, 15% dos australianos, em nome de argumentos não religiosos, pretensamente por questão de higiene.)

Enfaixamento chinês dos pés, alongamento padoung do pescoço por meio de argolas, limagem dos dentes, perfuração do nariz, das orelhas ou dos lábios nas tribos da Amazônia, escarificações e tatuagens polinésias, esmagamento peruano da caixa craniana procedem dos mesmos pensamentos mágicos que a excisão e a infibulação africanas ou a circuncisão judaica e muçulmana. Marcação do corpo por razões religiosas, sofrimentos rituais a fim de alcançar a integração na comunidade, práticas tribais destinadas a angariar para si a benevolência dos deuses, razões não faltam – sem citar as hipóteses psicanalíticas.

Por que achar graça no encavilhamento da glande oceânico, na castração dos skopsi russos – seita de cristãos que oficia entre o século XVIII e os anos 1920... –, na subincisão australiana – pênis fendido do meato ao escroto, em todo o comprimento...? Pois as lógicas mentais, os pressupostos ontológicos, as doses de pensamento mágico são exatamente os mesmos. A não ser que se julgue bárbaro o que não é nosso costume – Montaigne, já... –, como aceitar e legitimar nossas mutilações e depois recusar as do vizinho?

Pois a mutilação se verifica. Em primeiro lugar com base no princípio jurídico: o direito proíbe toda intervenção cirúrgica sem motivo médico de uma patologia verdadeiramente estabelecida. Ora, o prepúcio não é uma patologia em si. Em seguida no terreno psicológico: a superfície de pele retirada corresponde à metade ou a dois terços do revestimento tegumentar do pênis. Essa região de trinta e dois centímetros quadrados num adulto – pele externa, pele interna – concentra mais de mil terminações nervosas, entre as quais duzentos e cinqüenta pés de nervos. Daí, a resseção de uma das estruturas mais inervadas do corpo.

Além disso, o desaparecimento do prepúcio – que os povos primitivos enterram, comem, secam, pulverizam, conservam – produz uma cicatriz circunferencial que ceratiniza com o tempo: a exposição permanente às fricções dos tecidos age de maneira abrasiva sobre a pele que endurece e perde parte da sensibilidade. O ressecamento dessa superfície e o desaparecimento da lubrificação diminuem o conforto sexual para os dois parceiros.

7
Deus ama as vidas mutiladas

O Corão não exorta nem obriga à circuncisão, mas não a condena. A propósito, a tradição diz que Maomé nasceu circunciso! O Livro também não prescreve a excisão nem a infibulação. Em contrapartida, no Corno da África onde se praticam essas mutilações, a ablação do capuz clitoridiano se chama "sunna leve"; a da cabeça do capuz "sunna modificada". *Sunna* significa "tradição e caminho do Profeta"...

Os judeus também consideram essa mutilação um sinal de pertencimento radical à comunidade. O único, ou quase, de tal modo a rigidez quanto a esse ponto – por assim dizer... – é temível: Deus o exige de Abraão, que a realiza aos noventa e nove anos; ele a preconiza para todos os membros do sexo masculino da casa, mesmo os escravos; codifica-a no oitavo dia depois do nascimento; faz dela o signo da Aliança específica com seu povo eleito. A circuncisão é tão importante que, se cair num dia de shabbat, desaparece toda proibição de atividade associada ritualmente a esse dia. Mesmo no caso de uma criança morrer antes da ablação do prepúcio, o mohel faz seu trabalho.

Montaigne conta uma circuncisão em seu *Journal de voyage* [Diário de viagem]: o circuncisor utiliza uma faca colocada previamente sob o travesseiro da mãe para garantir para si as melhores graças. Estica o pênis, segura a pele, puxa a glande para trás, corta, sem anestesia, para extrair o prepúcio. Depois de engolir uma porção de vinho que mantinha na boca, ele chupa a ferida – a aspiração ritual chama-se *méziza* –, depois aspira o sangue para evitar que permaneça no fundo da ferida, conforme o Talmud. Volta a cuspir três vezes. E a criança entra na comunidade: dão-lhe então o nome. Desde Montaigne, o rito não se modificou, inclusive a *méziza*.

Tudo foi dito sobre esse rito primitivo e sua persistência através dos séculos. Freud – cujos biógrafos sublinham com freqüência sua má lembrança da circuncisão – falou, e depois dele muitos outros psicanalistas, em supressão do feminino no homem (circuncisão) como eco da supressão do feminino na mulher (excisão); de advertência paterna, depois de prevenção do desejo edipiano pela ameaça de uma castração maior; de repetição do seccionamento do cordão umbilical como símbolo de um novo nascimento. Certamente, além do ritual de pertencimento identitário e comunitário, provavelmente tudo isso conta.

Mas também, e sobretudo, a hipótese formulada por dois filósofos judeus, Fílon de Alexandria em *Quaestiones in Genesim* e Moisés Maimônides em *O guia dos transviados*: essa operação visa e quer o enfraquecimento do órgão sexual; ela recentra o indivíduo no essencial evitando vê-lo desperdiçar por presunções eróticas uma energia mais bem empregada na celebração de Deus; ela enfraquece a concupiscência e facilita o controle da volúpia. A isso pode-se acrescentar: ela altera as possibilidades sexuais, impede um gozo puro, por ele mesmo; escreve na carne e com ela o ódio ao desejo, à libido e à vida; significa o império das paixões mortíferas mesmo com relação às pulsões vitais; revela uma das modalidades da pulsão de morte voltada contra o outro para seu bem, como sempre...

Com o cristianismo e as decisões de Paulo, a circuncisão torna-se questão mental. Já não há necessidade de uma marca na carne, a mutilação não corresponde a nada de real. Só importa a circuncisão do coração, portanto. Para isso, trata-se de despojar o corpo de todos os pecados produzidos pela concupiscência carnal. Daí o batismo, certamente, mas também e sobretudo a ascese cotidiana de uma vida consagrada à imitação de Cristo, de seu sofrimento e de sua Paixão. Com o Tarsiota o fiel mantém o pênis inteiro, certamente, mas perde a totalidade do corpo: trata-se então de separar-se dele em sua totalidade da maneira como o circuncisor elimina o prepúcio. Com o cristianismo, a pulsão de morte tenta gangrenar o planeta inteiro...

terceira parte

CRISTIANISMO

I

A CONSTRUÇÃO DE JESUS

1
Histórias de falsários

Evidentemente Jesus existiu – assim como Ulisses e Zaratustra, e pouco importa saber se viveram fisicamente, em carne e osso, numa época precisa num lugar identificável. A existência de Jesus não é de modo nenhum comprovada historicamente. Nenhum documento contemporâneo do acontecimento, nenhuma prova arqueológica, nada de certo permite concluir hoje pela verdade de uma presença efetiva na articulação dos dois mundos abolindo um, nomeando o outro.

Não há túmulo, não há sudário, não há arquivos, com exceção de um sepulcro inventado em 325 por santa Helena, mãe de Constantino, muito dotada, pois também se deve a ela a descoberta do Gólgota e a do *titulus*, pedaço de madeira que traz o motivo da condenação. Um pedaço de tecido que a datação por carbono 14 atesta datar do século XIII de nossa era e que só um milagre poderia fazer com que envolvesse o corpo de Cristo mais de mil anos antes do cadáver putativo! Finalmente, três ou quatro vagas referências muito imprecisas em textos antigos – Flávio Josefo, Suetônio e Tácito –, certamente, mas em cópias feitas alguns séculos depois da suposta crucificação de Jesus e principalmente bem depois do sucesso de seus turiferários...

Em contrapartida, como negar a existência conceitual de Cristo? Assim como o Fogo de Heráclito, a Amizade de Empédocles, as Idéias platônicas ou o Prazer de Epicuro, Jesus funciona maravilhosamente como Idéia na qual se articulam uma visão do mundo, uma concepção do real, uma teoria do passado pecaminoso e do futuro na salvação. Deixemos aos apreciadores de debates impossíveis a conclusão sobre a questão da existência de Jesus e atenhamo-nos às que importam: em que consiste essa construção chamada Jesus? para fazer o quê? com que intenção? a fim de servir a que interesses? quem cria essa ficção? de que maneira esse mito se forma? como evolui essa fábula nos séculos seguintes?

As respostas a essas indagações supõem um desvio por um décimo terceiro apóstolo histérico, Paulo de Tarso, por um "bispo dos assuntos exteriores", como ele se denomina, autor de um golpe de Estado bem-sucedido, Constantino, por seus seguidores que instigam cristãos a pilhar, torturar, massacrar, incendiar bibliotecas, Justiniano, Teodósio, Valentiniano. Do ectoplasma invisível aos plenos poderes desse fantasma sobre um Império, depois sobre o mundo, a história coincide com a genealogia de nossa civilização. Ela começa numa névoa histórica na Palestina, prossegue em Roma, depois em Bizâncio nos ouros, no fausto e na púrpura do poder cristão, ela atua ainda hoje em milhões de espíritos formatados por essa incrível história construída sobre vento, improbabilidades, imprecisões, contradições que a Igreja varre desde sempre por meio das violências políticas.

Compreende-se então que os documentos existentes decorrem de falsificações habilmente executadas. As bibliotecas incendiadas, os saques repetidos dos vândalos, os incêndios acidentais, as perseguições e os autos-de-fé cristãos, os terremotos, a revolução dos suportes que um dia derruba o papiro em favor do pergaminho e supõe que os copistas, sectários zelosos de Cristo, escolham entre os documentos a serem salvos e os que são mandados ao nada, as liberdades tomadas pelos monges que estabelecem as edições de autores antigos às quais se acrescenta o que falta em comparação com o exame retrospectivo dos vencedores, eis quanta matéria para inquietações filosóficas!

Nada do que subsiste é confiável. O arquivo cristão decorre de uma fabricação ideológica, e mesmo Flávio Josefo, Suetônio ou Tácito nos quais um punhado de palavras indica a existência de Cristo e de seus fiéis no século I de nossa era obedecem à lei da falsificação intelectual. Quando um monge anônimo recopia as *Antiguidades* do historiador judeu preso e que se tornou colaborador do poder romano, quando ele tem diante dos olhos um original dos *Anais* de Tácito ou de *A vida dos doze Césares* de Suetônio e se surpreende com a ausência no texto de uma menção à história na qual acredita, de boa-fé acrescenta uma passagem de sua autoria, sem constrangimento, sem complexo, sem imaginar que está agindo mal ou fabricando uma falsificação, uma vez que na época não se aborda o livro com o mesmo olhar do contemporâneo obcecado pela verdade, pelo respeito à integridade do texto e ao direito do autor... Ainda hoje lemos esses escritores da Antiguidade a partir de manuscritos de vários séculos posteriores ao de seus autores e contemporâneos dos copistas cristãos que salvam seus conteúdos arranjando-os para que caminhem no sentido da história...

2
Cristalizar a histeria

Os ultra-racionalistas – de Prosper Alfaric a Raoul Vaneigem – provavelmente dizem a verdade a respeito da inexistência histórica de Jesus. O corpus fechado dos textos, documentos e informações de que dispomos foi revirado para todos os lados durante décadas sem que nenhuma conclusão definitiva aparecesse e arrebatasse definitivamente a opinião geral. De Jesus ficção a Jesus Filho de Deus o espectro é amplo, e a quantidade de hipóteses justifica tanto o ateísmo agressivo e militante da União racionalista quanto a adesão à Opus Dei...

É possível dizer que a época em que Jesus aparece supostamente fervilha de indivíduos de sua espécie, de profetas furiosos, iluminados loucos, histéricos convictos da excelência de suas verdades grotescas, de arautos de apocalipses. Uma história desse século iluminado incluiria muitas dessas ocorrências, os filósofos gnósticos, aliás, procedem da efervescência milenarista e da loucura furiosa que afeta essa época de angústia, de temor e de oscilações num mundo desconhecido por todos. O antigo racha, se fissura, ameaça desmoronar. Esse desaparecimento anunciado gera medos aos quais alguns indivíduos respondem com proposições francamente irracionais.

À margem do Jordão, uma religião familiar a Jesus e seus apóstolos, um certo Teudás se toma por Josué, profeta das salvações anunciadas – o étimo, também, de Jesus... Vindo do Egito, de onde é originário, com quatro mil partidários decididos a lutar, ele quer acabar com o poder romano e afirma dispor da faculdade de abrir um rio apenas com suas palavras para permitir que suas tropas avancem, depois acabar com o poder colonizador. Os soldados romanos decapitam esse Moisés de segunda categoria antes que ele consiga mostrar seu talento hidráulico.

Em outra ocasião, em 45, Jacó e Simão, filhos de Judas da Galiléia, mais uma origem familiar a Jesus, empreendem como o pai no ano 6 uma insurreição, que também acaba mal: a soldadesca sacrifica os partidários e os crucifica. Menahem, neto de uma família decididamente fornecedora de heróis libertadores, segue os passos de seus antepassados e se revolta em 66, impulsionando a guerra judaica que termina em 70 com a destruição de Jerusalém.

Nessa primeira metade do século I, abundam os profetas, messias, anunciadores de boas novas. Alguns convidam seus fiéis a acompanhá-los até o deserto para assistir a sinais prodigiosos e manifestações da divindade. Um iluminado vindo do Egito com quarenta mil afiliados chega ao jardim das Oliveiras, sempre as zonas crísticas. Afirma que simplesmente à sua voz os muros de Jerusalém desmoronarão para dar passagem aos revoltosos. Também então as milícias romanas efetuam a dispersão. São abundantes as histórias, todas contando essa vontade dos judeus de acabar com o poder romano tendo como única arma um discurso religioso, místico, milenarista, profético, anunciador de uma boa nova contida no Velho Testamento.

A resistência é legítima: querer expulsar de seu solo exércitos de ocupação que impõem pela força sua língua, suas leis, seus costumes sempre justifica a resistência, a rebelião, a recusa e a luta, mesmo que armada. Em contrapartida, acreditar que é possível opor-se à tropa mais aguerrida do mundo, ligada a todos os principais combates de sua época, treinada e profissional, que dispõe de meios consideráveis e de plenos poderes, tendo como único impulsor a crença no impossível, é isso que transforma essas lutas magníficas em combates perdidos por antecedência. Deus brandido como estandarte diante das legiões romanas não basta como contrapeso...

Jesus designa portanto a histeria da época, a crença de que a boa vontade e a ação empreendida em nome de Deus são suficientes para partir vitorioso e vencer. Derrubar muralhas com a voz em lugar de aríetes e máquinas de guerra, abrir as águas com uma palavra e não com embarcações militares dignas desse nome, enfrentar soldados habituados ao campo de batalha com cânticos, preces e amuletos e não com lanças, gládios e cavaleiros, nada disso preocupa o poder romano de ocupação. Arranhões no couro do Império...

O nome de Jesus cristaliza as energias difusas e disparatadas desperdiçadas contra a máquina imperial na época. Ele fornece o patronímico emblemático de todos os judeus que recusam o exército romano de ocupação e dispõem como única arma de sua boa-fé sustentada pela crença de que seu Deus é capaz de realizar milagres e libertá-los do jugo colonial. Mas se Deus existisse tanto assim e amasse seu povo ele o dispensaria de ter que se submeter à lei única e impediria a injustiça. Por que a toleraria antes de possibilitar sua supressão?

Inexistente, ou reduzido à condição de hipótese, esse Jesus bem pode ser filho de um carpinteiro e de uma virgem, nascido em Nazaré, tendo professado quando criança aos doutores da Lei a quem dá aulas, quando adulto a pescadores, artesãos, pessoas simples que trabalhavam à beira do lago Tiberíade, bem pode ter tido aborrecimentos com comunidades judias, mais do que com o poder de Roma, habituado a rebeliões esporádicas e sem importância, ele sintetiza, concentra, sublima, cristaliza o que atormenta a época e a história desse século I de sua era... Jesus designa a recusa judaica da dominação romana.

Tanto que a etimologia informa: Jesus significa "Deus salva, salvou e salvará". É impossível expressar mais claramente a carga simbólica, o nome próprio mesmo significa o destino. Esse patronímico invoca o futuro conhecido e supõe a aventura já escrita num canto do céu. Então, a história limita-se a tornar possível sua revelação no dia-a-dia. Ela se torna uma escatologia. Como imaginar que um tal nome de batismo não obrigue à realização desses anúncios e potencialidades? Ou: de que maneira dizer melhor que a criação de Jesus supõe acessoriamente um forjamento – cujo nome serve de pretexto e oportunidade para essa catálise ontológica?

3
Uma catálise do maravilhoso

Jesus concentra sob seu nome a aspiração messiânica da época. Da mesma maneira sintetiza os topoi antigos utilizados para falar de alguém maravilhoso. Pois nascer de mãe virgem informada de sua sorte por uma figura celeste ou angélica, realizar milagres, dispor de um carisma que gera discípulos apaixonados, ressuscitar mortos, esses são lugares-comuns que atravessam a literatura da Antiguidade. Evidentemente, considerar sagrados os textos evangélicos dispensa de um estudo comparativo que relativize o maravilhoso testamentário para o instalar na lógica do maravilhoso antigo, nem mais nem menos. O Jesus de Paulo de Tarso obedece às mesmas leis do gênero que o Ulisses de Homero, o Apolônio de Tiana de Filostrato ou o Encólpio de Petrônio: um herói de cinema épico...

Quem é o autor de Jesus? Marcos. O evangelista Marcos, primeiro autor do relato das aventuras maravilhosas do denominado Jesus. Provável acompanhante de Paulo de Tarso em seu périplo missionário, Marcos redige seu texto por volta de 70. Nada prova que ele tenha conhecido Jesus em pessoa, é óbvio! Um contato franco e claro teria sido visível e legível no texto. Mas não se convive com uma ficção... Apenas se credita a ela uma existência à maneira do espectador de miragem no deserto que acredita na verdade e na realidade da palmeira e do oásis vislumbrados no calor abrasador. O evangelista conta então na incandescência histérica da época a ficção sobre a qual afirma toda a verdade, de boa-fé.

Marcos redige seu evangelho para converter. Seu público? Indivíduos a serem convencidos, pessoas a priori insensíveis à mensagem crística mas a quem se trata de convencer, cativar e seduzir. O texto pertence ao registro claro da propaganda. E esta não exclui o recurso aos artifícios suscetíveis de convencer, de levar ao assentimento e à convicção. Daí o uso do maravilhoso. Como interessar um público contando-lhe uma história banal de um homem simples, semelhante ao comum dos mortais? Os evangelhos reciclam os usos de escrita da Antiguidade pagã que supõem que se adorne, enfeite e paramente um homem que se deseja transformar em arauto mobilizador.

Para convencer-nos disso, leiamos, comparando-as, as páginas mais conhecidas do Novo Testamento e a obra que Diógenes Laércio consagra à vida, às opiniões e às sentenças dos filósofos ilustres. Vamos conferir a esses dois textos um mesmo status literário, o de escritos históricos, datados, compostos por homens de modo nenhum inspirados pelo Espírito santo mas que redigem para tocar seus leitores e levá-los a compartilhar sua convicção de que nos estão falando de indivíduos excepcionais, de grandes homens, de pessoas notáveis. Pitágoras, Platão, Sócrates e Jesus considerados com um mesmo olhar, o do leitor de textos antigos. O que descobrimos?

Um mundo parecido, idênticos modos literários por parte dos autores, mesma propensão retórica a liberar o mágico, o maravilhoso, o fantástico para dar a seu tema o destaque e o brilho necessários à edificação dos leitores. Marcos quer fazer com que Jesus seja amado, assim como Diógenes Laércio com relação aos grandes filósofos da tradição antiga. O evangelista conta uma vida cheia de acontecimentos fabulosos? O doxógrafo abarrota seu texto de peripécias igualmente extraordinárias no sentido etimológico. Pois trata-se de construir o retrato de homens excepcionais. Como poderiam eles nascer, viver, falar, pensar e morrer como o comum dos mortais?

Vejamos: Maria, mãe de Jesus, concebe na virgindade, por operação do Espírito Santo; banal: Platão também procede de uma mãe na flor da idade, mas que dispõe de um hímen preservado. O arcanjo Gabriel informa a mulher do carpinteiro de que ela procriará sem a ajuda do marido, bom sujeito que consente sem reclamar? Então: o mesmo Platão orgulha-se da mutação de Apolo em pessoa! O filho de José é principalmente filho de Deus? Nenhum problema: os discípulos de Pitágoras também o tomam por Apolo em pessoa vindo diretamente da terra dos hiperbóreos. Jesus faz milagres, devolve a visão a cegos, a vida a mortos? Como Empédocles, que, também ele, traz um morto de volta à vida. Jesus é exímio nas previsões? Iguais talentos em Anaxágoras, que prediz com êxito quedas de meteoritos.

Prossigamos: Jesus fala como inspirado, atribuindo sua voz a um maior, mais forte e mais poderoso que ele? E Sócrates, assombrado, habitado por seu *daimon*? O futuro crucificado ensina a discípulos, converte com seu talento oratório e sua retórica? Todos os filósofos antigos, dos cínicos aos epicuristas, agem com talento semelhante. A relação de Jesus com João, o discípulo preferido? A mesma une Epicuro e Metrodoro. O homem de Nazaré fala metaforicamente, come símbolo e se comporta como enigma? Pitágoras também... Ele nunca escreveu, exceto uma vez na areia, com um bastão, o mesmo que apaga imediatamente os caracteres traçados no chão?

Idem para o Buda ou Sócrates, filósofos da oralidade, do verbo e da palavra terápica. Jesus morre por suas idéias? Sócrates também. Em Getsêmani, o profeta conhece uma noite determinante? Sócrates experimenta esses devaneios numa escuridão semelhante em Potidéia. Maria conhece e fica sabendo de seu destino de mãe virgem por meio de um sonho? Sócrates sonha com cisne e encontra Platão no dia seguinte.

Mais? Mais... O corpo de Jesus, evidentemente, ingere símbolos, mas não digere, não se excreta conceito... Carne extravagante, insubmissa aos caprichos de todos e cada um: o Messias não tem fome nem sede, não dorme nunca, não defeca, não copula, não ri. Sócrates também não. Lembremo-nos da *Apologia* em que Platão descreve um personagem que ignora os efeitos do álcool, do cansaço e da vigília. Também Pitágoras aparece revestido de um anticorpo, de uma carne espiritual, de uma matéria etérea, incorruptível, inacessível aos tormentos do tempo, do real e da entropia.

Platão e Jesus acreditam ambos numa vida após a morte, na existência de uma alma imaterial e imortal. Depois da crucifixão, o mago da Galiléia volta para o meio dos homens. Mas, bem antes dele, Pitágoras atuava com base no mesmo princípio. Mais lento, pois Jesus espera três dias ao passo que o filósofo vestido de linho espera duzentos e sete anos para voltar à Grande Grécia. E tantas outras fábulas que funcionam indiferentemente do filósofo grego ao profeta judeu, quando o autor do mito deseja converter seu leitor ao caráter excepcional de seu tema e do personagem de que está falando...

4
Construir fora da história

O maravilhoso volta as costas para a história. Não se luta racionalmente contra chuvas de sapos ou de bigornas, contra mortos que saem da sepultura para jantar com suas famílias, não se resiste diante de paralíticos, de hidrópicos ou de hemorroíssas que recuperam a santidade por um golpe de varinha mágica. Uma palavra que cura, um verbo terapêutico, um gesto indutor de milagres fisiológicos, é impossível compreender seu sentido quando se permanece no terreno da razão pura. Para compreender, é preciso pensar em termos de símbolos, de alegorias, de figuras de estilo. A leitura dos evangelhos exige a mesma abordagem que a prosa romanesca antiga ou os poemas homéricos: abandono ao efeito literário e renúncia ao espírito crítico. Os trabalhos de Hércules significam a força extraordinária, as artimanhas de Ulisses mostram sua astúcia e seu talento. Idem para os milagres de Jesus cuja verdade e realidade não estão na coincidência com fatos verificados mas com o que eles significam: o poder extraordinário, a força considerável de um homem que participa de um mundo maior que ele.

O gênero evangélico é performativo – para dizê-lo nas palavras de Austin: a enunciação cria a verdade. Os relatos testamentários preocupam-se muito pouco com a verdade, a verossimilhança ou o verdadeiro. Em contrapartida, revelam uma força da linguagem que, afirmando, cria o que enuncia. Protótipo do performativo: o padre que declara um casal marido e mulher. Pelo próprio fato de ser pronunciada uma fórmula o advento coincide com as palavras que o significam. Jesus não obedece à história mas ao performativo testamentário.

Os evangelistas desprezam a história. Sua opinião apologética o permite. Não é preciso que as histórias tenham acontecido efetivamente, não é útil que o real coincida com a formulação e a narração que se oferece dele, basta que o discurso produza seu efeito: converter o leitor, obter dele uma aquiescência sobre a figura do personagem e seu ensinamento. Será que a criação desse mito é consciente por parte dos autores do Novo Testamento? Não creio. Nem consciente, nem voluntária, nem deliberada. Marcos, Mateus, João e Lucas não enganam cientemente. Paulo tampouco. Eles *são* enganados, pois dizem ser verdade o que crêem e crêem ser verdade o que dizem. Nenhum encontrou Jesus fisicamente, mas todos creditam a essa ficção uma existência real, não simbólica ou metafórica. É evidente que acreditam de fato no que contam. Auto-intoxicação intelectual, cegueira ontológica...

Todos creditam realidade a uma ficção. Acreditando na fábula que contam, dão-lhe cada vez maior consistência. A prova da existência de uma verdade reduz-se com freqüência à soma dos erros repetidos que um dia tornam-se uma verdade convencionada. Da inexistência provável de um indivíduo do qual se contam particularidades durante vários séculos acaba resultando uma mitologia cultuada por grupos, cidades, nações, impérios, um planeta. Os evangelistas criam uma verdade repisando ficções. A ira paulina militante, o golpe de Estado constantiniano, a repressão das dinastias valentiniana e teodosiana fazem o resto.

5
Uma trama de contradições

A construção do mito efetua-se em vários séculos, com penas diversas e múltiplas. Recopia-se, acrescenta-se, corta-se, omite-se, altera-se, voluntariamente ou não. No fim das contas, obtém-se um corpus considerável de textos contraditórios. Daí o trabalho ideológico que consiste em extrair dessa soma matéria para uma história unívoca. Conseqüência: conservam-se evangelhos considerados verdadeiros, descartam-se os que atrapalham a hagiografia ou a credibilidade do projeto. Daí os sinópticos e os apócrifos. Até mesmo os escritos intertestamentários aos quais os pesquisadores atribuem um estranho status de extraterritorialidade metafísica!

Jesus vegetariano ou ressuscitando um galo cozido num banquete? Jesus menino estrangulando passarinhos para poder fazer bonito ressuscitando-os ou dirigindo o curso dos riachos pela voz, modelando pássaros de argila e transformando-os em aves reais, fazendo outros milagres antes dos dez anos de idade? Jesus curando as mordidas de víboras ao soprar nos lugares em que se enfiaram as presas? O que fazer do falecimento de seu pai José aos cento e onze anos? E do de sua mãe Maria? De Jesus rindo às gargalhadas? e tantas histórias contadas em muitos milhares de páginas de escritos apócrifos cristãos. Por que foram descartadas? Porque não permitem um discurso bastante unívoco... Quem constitui esse corpus e decide sobre o cânone? A Igreja, seus concílios e seus sínodos no final do século IV.

No entanto essa desnatação não impede um número incalculável de *contradições* e inverossimilhanças no corpo do texto dos evangelhos sinópticos. Um exemplo: segundo João, o pedaço de madeira sobre o qual os juízes escrevem o motivo da condenação – o *titulus* – é pregado na madeira da cruz, acima da cabeça de Jesus; segundo Lucas, ele se encontra em torno do pescoço do supliciado; Marcos, impreciso, não permite uma definição... Nesse *titulus*, comparando-se os textos de Marcos, Mateus, Lucas e João, o texto diz quatro coisas diferentes... A caminho do Gólgota, Jesus carrega sua cruz sozinho, diz João. Por que então os outros acrescentam que Simão de Cirene o ajudava? Segundo este ou aquele evangelho Jesus aparece *post mortem* para uma só pessoa, para algumas ou para um grupo... E essas aparições ocorrem em lugares diferentes... Seria interminável apontarmos esse tipo de contradições no próprio texto dos evangelhos no entanto estabelecidos pela Igreja oficial como fabricação unívoca de um único e mesmo mito.

Além das contradições, identificam-se também *inverossimilhanças*. Por exemplo, a conversa verbal entre o condenado à morte e Pôncio Pilatos, governador de alto escalão do Império Romano. Além de que num caso como esse o interrogatório nunca era conduzido pelo chefe mas por seus subordinados, é difícil imaginar Pôncio Pilatos recebendo Jesus que ainda não é Cristo, nem o que a história fará dele – uma estrela planetária. Na época, ele pertence apenas aos de direito-comum, como tantos outros nas cadeias que ocupa. Pouco provável, portanto, que o alto funcionário digne-se a conversar com uma pequena caça local. Além do mais, Pôncio Pilatos fala latim e Jesus aramaico. Como dialogar da maneira como dá a entender o evangelho de João, diretamente, sem intérprete, tradutor ou intermediário? Fabulações...

O mesmo Pilatos não pode ser procurador segundo o termo dos evangelhos, mas prefeito da Judéia, pois o título de procurador surge apenas por volta do ano 50 de nossa era... Tampouco esse funcionário romano pode ser o homem doce, afável, benevolente com Jesus descrito pelos evangelistas, a não ser que os autores desses textos queiram injuriar os judeus, culpados da morte de seu herói, e elogiar o poder romano, para colaborar um pouco... Pois em vez disso a história conta desse prefeito da Judéia sua crueldade, seu cinismo, sua ferocidade e seu gosto pela repressão. Reconstruções...

Outra inverossimilhança, a crucificação. A história testemunha: na época, os judeus são apedrejados, não crucificados. Do que se acusa Jesus? De pretender-se Rei dos Judeus. Ora, para Roma essa história de messianismo e profetismo não significa nada. A crucificação supõe um questionamento do poder imperial, o que o crucificado nunca faz explicitamente. Admitamos a crucificação: nesse caso deixa-se o supliciado pendurado, entregue às aves de rapina e aos cães que facilmente dilaceram o cadáver, pois as cruzes não têm mais de dois metros de altura. Em seguida, joga-se o corpo na vala comum... De qualquer modo, o sepultamento num túmulo está excluído. Ficções...

O túmulo, então. Outro momento de inverossimilhanças. Um discípulo secreto de Jesus, José de Arimatéia, obtém de Pilatos o corpo do mestre para colocá-lo num túmulo. Sem preparação mortuária? Impensável para um judeu... Um dos evangelistas fala em plantas aromáticas, mirra, aloé – trinta quilos... – e do enfaixamento, versão egípcia com embalsamamento; os três outros omitem esses detalhes... Mas a solução das contradições parece estar no significado do nome do lugar de onde provém José: Arimatéia – o que significa "depois da morte". José de Arimatéia, segundo o princípio performativo, designa aquele que chega depois da morte e se preocupa com o corpo de Cristo, uma espécie de primeiro fiel. Invenções...

A leitura comparada dos textos leva a uma infinidade de outras questões: por que os discípulos estão ausentes no dia da crucificação? Como acreditar que depois de uma tempestade como aquela – o assassínio de seu mentor – eles retomem o caminho de suas casas sem reagir, sem se reunir nem prosseguir a empreitada criada por Jesus? Pois cada um volta ao ofício em sua aldeia... Por que razão nenhum dos doze realiza o trabalho que Paulo – que não conheceu Jesus... – faz: evangelizar, levar a boa palavra o mais longe possível?

O que dizer de tudo isso? O que fazer dessas contradições, dessas inverossimilhanças: textos descartados, outros conservados mas abarrotados de invenções, de fabulações, de aproximações, sinais que provam uma construção posterior, lírica e militante da história de Jesus. Compreende-se que a Igreja proíba formalmente durante séculos qualquer leitura histórica dos textos ditos sagrados. Por demais perigoso lê-los como Platão ou Tucídides!

Jesus é portanto um personagem conceitual. Toda a sua realidade está nessa definição. Certamente, ele existiu, mas não como figura histórica – a não ser que de maneira tão improvável que pouco importa a existência ou não. Ele existe como uma cristalização das aspirações proféticas de sua época e do maravilhoso próprio dos autores antigos, isto de acordo com o registro performativo que cria dando nome. Os evangelistas escrevem uma história. Com ela narram menos o passado de um homem que o futuro de uma religião. Artimanha da razão: eles criam o mito e são criados por ele. Os crentes inventam sua criatura, depois lhe prestam culto: o próprio princípio da alienação...

II
A CONTAMINAÇÃO PAULINA

1
Delírios de um histérico

Paulo apropria-se do personagem e o veste, fornece-lhe idéias. O Jesus primitivo não fala contra a vida. Duas frases (Mc VII, 15 e X, 7) mostram-no sem oposição ao casamento mas nem um pouco fascinado pelo ideal ascético. É inútil procurar suas prescrições rigorosas no terreno do corpo, da sexualidade, da sensualidade. Essa relativa benevolência com relação às coisas da vida é acompanhada de um elogio e de uma prática da doçura. Paulo de Tarso transforma o silêncio de Jesus sobre essas questões num tumulto ensurdecedor promulgando o ódio ao corpo, às mulheres e à vida. O radicalismo anti-hedonista do cristianismo procede de Paulo – não de Jesus, personagem conceitual silencioso a respeito dessas questões...

Originalmente esse judeu histérico e integrista gosta de perseguir cristãos e de assistir a seu espancamento. Quando fanáticos apedrejam Estêvão, ele os acompanha. E outros, ao que parece. A conversão a caminho de Damasco – em 34 – é fruto de pura patologia histérica: ele cai de sua altura (não de um cavalo, conforme mostram Caravaggio e a tradição pictórica...), é ofuscado por uma luz intensa, ouve a voz de Jesus, não enxerga durante três dias, não come nem bebe durante todo esse tempo. Recupera a visão depois da imposição das mãos de Ananias – cristão enviado por Deus como missi dominici... Então, coloca-se à mesa, restaura-se e sai pela estrada para anos de evangelização forçada em toda a bacia mediterrânea.

O diagnóstico médico parece fácil de fazer: a crise sobrevém sempre na presença de outras pessoas – é o caso... –, a queda, a cegueira dita histérica – ou amaurose transitória – portanto passageira, a suspensão sensorial – surdez, anosmia, agustia – durante três dias a tendência mitomaníaca – Jesus lhe fala pessoalmente... –, o histrionismo, ou exibicionismo moral – cerca de trinta anos de teatralização de um personagem imaginário, eleito por Deus, escolhido por ele para transformar o planeta –, toda essa crise é idêntica à ilustração de um manual de psiquiatria, capítulo das neuroses, seção das histerias... Eis uma verdadeira histeria... de conversão!

2
Neurotizar o mundo

Como viver com sua neurose? Fazendo dela o modelo do mundo, neurotizando o mundo... Paulo cria o mundo à sua imagem. E essa imagem é deplorável: fanático, mudando de objeto – os cristãos, depois os pagãos, outro sinal de histeria... –, doente, misógino, masoquista... Como não ver em nosso mundo um reflexo desse retrato de um indivíduo dominado pela pulsão de morte? Pois o mundo cristão experimenta deleitado essas maneiras de ser e de fazer. A brutalidade ideológica, a intolerância intelectual, o culto da saúde ruim, o ódio ao corpo jubiloso, o desprezo às mulheres, o prazer na dor que se inflige a si mesmo, a desconsideração deste mundo por um além de pacotilha.

Baixo, magro, careca, barbudo, Paulo de Tarso não nos dá detalhes da doença de que fala metaforicamente: confia que Satã lhe infligiu uma *farpa na carne* – expressão dele retomada por Kierkegaard. Nenhum detalhe, a não ser uma vez considerações sobre o estado esfarrapado em que um dia ele aparece para seu público gálata – depois de um espancamento que deixou marcas... De modo que a crítica acumulou durante séculos as hipóteses sobre a natureza dessa farpa. Não se evita o inventário à Prévert: artrite, cólica renal, tendinite, ciática, gota, taquicardia, angina pectoris, coceiras, gala, prurido, antraz, furúnculos, hemorróidas, fissuras anais, eczema, lepra, herpes-zóster, peste, raiva, erisipela, gastralgia, cólica, cálculo, otite crônica, sinusite, traqueobronquite, retenção de urina, uretrite, febre de Malta, filariose, paludismo, pilariose, tinha, cefaléias, gangrena, supurações, abscesso, soluço crônico (!), convulsões, epilepsia... As articulações, os tendões, os nervos, o coração, a pele, o estômago, os intestinos, o ânus, as orelhas, os sínus, a bexiga, a cabeça, tudo ocorre...

Tudo menos o registro sexual... Ora, a etiologia da histeria supõe um potencial libidinal debilitado, até mesmo nulo. Distúrbios da sexualidade, uma tendência, por exemplo, a vê-la em tudo, a erotizar exageradamente. Como não pensar nisso quando se lê *ad nauseam* sob a pena de Paulo um ódio, um desprezo, uma prevenção permanente para com as coisas do corpo? Sua aversão à sexualidade, a celebração da castidade, a veneração da abstinência, o elogio da viuvez, a paixão pelo celibato, o convite a comportar-se como ele – claramente formulado em seus termos na epístola aos coríntios (VII, 8), a resignação a consentir no casamento, certamente, mas no pior dos casos, sendo o melhor a renúncia a toda carne – são sintomas dessa histeria cada vez mais nitidamente visível.

Essa hipótese tem o mérito de corroborar algumas certezas: nenhuma confissão de qualquer patologia que seja. Ora, podem-se confessar sem complexo dores estomacais, reumatismos articulares. As dermatoses invasivas se notam, os soluços repetidos também. É menos de confessar uma *impotência sexual* que se pode revelar muito parcialmente sob forma de metáfora – a farpa o faz. A impotência sexual ou toda fixação da libido em um objeto socialmente indefensável – uma mãe, um ser humano do mesmo sexo ou qualquer outra perversão no sentido freudiano do termo. Freud vê a origem da histeria na luta contra angústias de origem sexual recalcadas e sua realização parcial sob a forma de uma conversão – no sentido psicanalítico, mas o outro sentido também convém...

Uma espécie de lei parece triunfar eternamente sobre o planeta. Em homenagem ao grande La Fontaine, vamos chamá-la de "complexo da raposa e das uvas": consiste em fazer de necessidade virtude para não ficar mal. Golpe do destino ou da necessidade, a vida inflige a Paulo de Tarso uma impotência sexual ou uma libido problemática: reação, ele se dá a ilusão de liberdade, autonomia e independência acreditando livrar-se do que o determina, depois afirma que aquilo que se impõe a ele é escolhido e decidido por ele com plena consciência. Incapaz de levar a bom termo uma vida sexual digna desse nome, Paulo decreta nula e insignificante qualquer forma de sexualidade para ele, certamente, mas também para o resto do mundo. Desejo de ser como todo o mundo exigindo do mundo que o imite, donde essa energia em querer dobrar a humanidade toda à regra de seus próprios determinismos...

3
A desforra de um aborto

Essa lógica aparece claramente numa proclamação da segunda epístola aos coríntios (XII, 2-10) na qual ele afirma: "Comprazo-me nas fraquezas, nos insultos, nas opressões, nas perseguições, nas angústias por Cristo! Pois, quando sou fraco, é então que sou forte." Própria confissão da lógica de compensação em que se encontra o histérico abatido no caminho de Damasco. A partir de sua fisiologia degradada, Paulo milita por um mundo que se assemelha a ele.

Seu ódio a si mesmo transforma-se num vigoroso ódio ao mundo e ao que constitui seu interesse: a vida, o amor, o desejo, o prazer, as sensações, o corpo, a carne, o júbilo, a liberdade, a independência, a autonomia. O masoquismo de Paulo não é mistério nenhum. Ele coloca sua vida inteira sob o signo dos aborrecimentos, vai ao encontro das dificuldades, gosta dos problemas, alegra-se com eles, deseja-os, aspira a eles, cria-os. Na epístola em que confirma seu gosto pela humilhação, faz o balanço do que suportou e sofreu para evangelizar as multidões: cinco flagelações – trinta e nove chibatadas a cada vez... –, três espancamentos com varas, uma vez apedrejado em Listra na Anatólia – lá quase lhe tiram a pele, é largado no chão como morto... – três naufrágios – um dia e uma noite passados na água gelada –, sem falar nos riscos aferentes das viagens por estradas infestadas de bandidos, na travessia perigosa dos rios, no cansaço das caminhadas sob o sol de chumbo, nas vigílias freqüentes, nos jejuns forçados, na falta de água, no frio das noites anatolianas. Acrescentemos permanências na prisão, dois anos de fortaleza, o exílio... Para regalo do masoquista!

Às vezes ele se vê em situações humilhantes. Assim na ágora de Atenas onde tenta converter filósofos estóicos e epicuristas ao cristianismo falando-lhes da ressurreição da carne, uma inépcia para os helenos. Os discípulos de Zenão e de Epicuro riem-lhe na cara. Ele se submete às zombarias sem retrucar... Outra vez, para escapar à vindita popular e à fúria do etnarca de Damasco, ele se evade escondido numa cesta que é baixada pelas muralhas da cidade. Como o ridículo não mata, Paulo sobrevive...

Esse ódio a si mesmo Paulo transforma em ódio ao mundo – para viver com ele, desfazer-se um pouco dele, colocá-lo à distância. A inversão do que o atormenta passa então a assombrar o real. O desprezo do indivíduo Paulo por sua carne incapaz de estar à altura do que se pode esperar dele torna-se um descrédito geral de toda carne em geral, de todos os corpos e de todo o mundo. Aos coríntios ele confessa: "mortifico meu corpo e o arrasto em escravidão" (1 Cor IX, 27); à humanidade ele pede: mortifiquem seu corpo e arrastem-no em escravidão. Façam como eu...

Daí um elogio do celibato, da castidade, da abstinência, sabe-se. Não se trata de Jesus, mas da desforra de um aborto – conforme ele denomina a si mesmo na primeira epístola aos coríntios (XV, 8). Incapaz de ter acesso às mulheres? ele as detesta... Impotente? ele as despreza. Excelente ocasião para reciclar a misoginia do monoteísmo judeu – herdada pelo cristianismo e pelo islã. Os primeiros versículos do primeiro livro da Bíblia dão o tom: o Gênese condena radicalmente e definitivamente a mulher, primeira pecadora, causa do mal no mundo. Paulo retoma por sua conta essa idéia nefasta, mil vezes nefasta.

Daí as proibições de que são alvo em toda a literatura paulina, epístolas e atos; daí também os conselhos e opiniões dados pelo Tarsiota sobre a questão das mulheres: definitivamente fraco, o destino desse sexo é obedecer aos homens em silêncio e submissão. As descendentes de Eva devem temer seus esposos, não ensinar nem fazer a lei ao pretenso sexo forte. Tentadoras, sedutoras, elas podem esperar a salvação, certamente, mas apenas na maternidade, por ela e para ela. Dois milênios de punições infligidas às mulheres unicamente para expiar a neurose de um aborto!

4
Elogio da escravidão

Paulo o masoquista expõe as idéias com as quais o cristianismo um dia triunfa. Ou seja, o elogio da fruição em ser submisso, obediente, passivo, escravo dos poderosos sob o pretexto falacioso de que todo poder vem de Deus e de que toda situação social de pobre, de modesto e de humilde procede de um querer celeste e de uma decisão divina. Deus bom, misericordioso, etc., quer a doença dos doentes, a pobreza dos pobres, a tortura dos torturados, a submissão dos empregados. Aos romanos que ele louva ensina muito oportunamente no seio do Império a obediência aos magistrados, aos funcionários, ao imperador. Convida cada um a entregar o que é de seu dever: os impostos e as taxas aos recebedores, o temor ao exército, à polícia, aos dignitários, a honra aos senadores, aos ministros, ao príncipe...

Pois todo poder vem de Deus e procede dele. Desobedecer a um desses homens é rebelar-se contra Deus. Daí o elogio da submissão à ordem e à autoridade. Seduzir os poderosos, legitimar e justificar o despojamento dos miseráveis, louvar as pessoas que detêm o gládio, a Igreja instaura uma parceria com o Estado que lhe permitirá desde sua origem estar sempre do lado dos tiranos, dos ditadores e dos autocratas...

A impotência sexual transfigurada em potência sobre o mundo, a incapacidade de ter acesso às mulheres transformada em motor do ódio ao feminino, o desprezo de si mesmo transformado em amor a seus carrascos, a histeria sublimada em construção de uma neurose social, tudo isso é matéria para um magnífico retrato psiquiátrico! Jesus adquire consistência tornando-se refém de Paulo. Insosso, inexistente quanto às questões de sociedade, de sexualidade, de política, obviamente – um ectoplasma não se encarna em oito dias... –, o nativo de Nazaré se define. A construção do mito faz-se cada vez mais nitidamente.

Paulo quando vivo não leu nenhum evangelho. Ele próprio nunca conheceu Jesus. Marcos escreve o primeiro evangelho nos últimos anos da vida de Paulo ou depois de sua morte. Já na primeira metade do século I de nossa era, o Tarsiota propaga o mito, visita uma multidão de homens, conta essas fábulas a milhares de indivíduos, em dezenas de países: na Ásia Menor dos filósofos pré-socráticos, na Atenas de Platão e Epicuro, na Corinto de Diógenes, na Itália dos epicuristas de Campânia ou dos estóicos de Roma, na Sicília de Empédocles, visita Cirene, cidade em que o hedonismo surge com Aristipo, passa também por Alexandria, cidade de Fílon. Por toda parte ele contamina. Logo a doença de Paulo ganha o corpo inteiro do Império...

5
Ódio à inteligência

Ódio a si mesmo, ódio ao mundo, ódio às mulheres, ódio à liberdade, Paulo de Tarso acrescenta a esse quadro desolador o ódio à inteligência. O Gênese já ensina essa aversão ao saber: pois não esqueçamos que o pecado original, a culpa imperdoável transmitida de geração em geração é a de ter saboreado o fruto da árvore do conhecimento. Desejar saber e não se contentar com a obediência e a fé exigidas por Deus para alcançar a ventura, eis o imperdoável. Igualar Deus na ciência, preferir a cultura e a inteligência à imbecilidade dos obedientes, pecados mortais...

A cultura de Paulo? Nada, ou muito pouco: o Velho Testamento e a certeza de que Deus fala por sua boca... Sua formação intelectual? Ao que se saiba não brilhou em escolas ou longos estudos... Uma formação rabínica, provavelmente... Sua profissão? Pesado, desajeitado, complicado, oral, de fato, um grego sofrível, talvez ditado enquanto provavelmente ele continuava seu trabalho manual – alguns concluem disso que ele não conhecia a escrita... Ao contrário de um Fílon de Alexandria, filósofo seu contemporâneo.

Esse homem inculto, que provoca o riso dos estóicos e dos epicuristas na praça pública ateniense, fiel à sua técnica que consiste em fazer da necessidade virtude, transforma sua incultura em ódio à cultura. Convida os coríntios ou Timóteo a voltar as costas para as "loucas e tolas pesquisas", para as "enganações vazias" da filosofia. A correspondência entre Paulo e Sêneca, evidentemente, é uma falsidade da melhor feitura: o inculto não fala aos filósofos, mas a seus semelhantes. Seu público, por toda parte em suas peregrinações na bacia mediterrânea, nunca é constituído por intelectuais, filósofos, gente de letras, mas de gente simples – cardadores, tintureiros, artesãos, carpinteiros listados por Celso em *Contra os cristãos*. Não há necessidade de cultura, basta a demagogia e com ela seu eterno aliado: o ódio à inteligência.

III

O ESTADO TOTALITÁRIO CRISTÃO

1
Histéricos, continuação...

Da mesma maneira que o racionalismo francês se constitui a partir de três sonhos de Descartes (!), o cristianismo volta à história de repente com uma eventualidade de pura tradição pagã: os signos astrológicos... Estamos em 312. Constantino avança na direção de Roma. Batalha contra seu rival Maxêncio e quer tomar-lhe a Itália. Sua conquista do norte da península é fulminante: Turim, Milão e Verona caem facilmente. O imperador está habituado a ter ligação direta com o absoluto: no templo de Grand, no Vosges, Apolo aparece-lhe pessoalmente para prometer-lhe um reinado de trinta anos. Na época, o paganismo não o incomoda. Aliás, ele cultua o *Sol invictus*, o sol invicto...

Dessa vez, o sinal se transforma. À maneira de Paulo jogado ao chão no caminho de Damasco, Constantino descobre no céu um sinal anunciando que vencerá por si mesmo. E, detalhe que tem certa importância, suas tropas assistem ao acontecimento com ele: todos constatam a mesma signalética sagrada! Eusébio de Cesaréia, o intelectual orgânico do príncipe, ainda por cima, falsificador sem igual, especialista na apologética cristã como nenhum outro, dá detalhes: aquele sinal era o troféu de uma cruz de luz acima do sol. Além disso – Eusébio ainda acrescenta... – um texto afirmava que o imperador ganharia o combate contra Maxêncio invocando esse sinal. Duas precauções valem mais que uma: Jesus aparece em sonho, na noite seguinte, e ensina a seu protegido o sinal-da-cruz útil para triunfar em cada um de seus combates, contanto que ele se muna previamente do talismã. Compreende-se que, tornando-se imperador muito cristão, ele fustigue a astrologia, a magia e o paganismo – pois da parte de Constantino tanta racionalidade filosófica é de espantar...

Alguns dias depois, ele vence. Evidentemente... Maxêncio morre afogado na ponte Mílvio. Constantino, ajudado pelo fantasma do Nazareno, torna-se senhor da Itália. Entra em Roma, dissolve a guarda pretoriana e oferece ao papa Miltíades o palácio de Latrão. O reino dos cristãos não é deste mundo, certamente, mas por que razões deixá-lo de lado quando além de tudo ele permite fausto, ouro, púrpura, dinheiro, poder, força, todas essas virtudes deduzidas, evidentemente, das mensagens do filho do carpinteiro...

Então, e esse signo? Crístico de fato ou alucinação coletiva? Mensagem de Jesus, fixada na eternidade celeste, mas mantendo um olho sobre o mundo em seus mínimos detalhes, ou prova suplementar de que essa época de angústia, esse mundo fissurado é propício às neuroses comunitárias e aos histéricos investidos pelos deuses? Prova de regenerescência ou testemunho de decadência? Um primeiro passo do cristianismo ou um dos últimos do paganismo? Miséria dos homens sem deus – e com Deus mais ainda...

Hoje esse sinal é lido de maneira racional, até mesmo ultra-racionalista: não se trata de astrologia, mas de astronomia. Os cientistas contemporâneos levantam a hipótese de uma leitura histérica, portanto religiosa, de um fato redutível a uma causalidade das mais simples. O dia 10 de outubro de 312, ou seja, dezoito dias antes da tal vitória sobre Maxêncio, dia 28, Marte, Júpiter e Vênus estão numa configuração tal que, no céu romano, uma projeção torna possível a leitura de um presságio fabuloso. O delírio é suficiente para o prosseguimento da obra...

Embora Constantino não brilhe por uma cultura livresca importante, é considerado bom estrategista, hábil político. Acreditava mesmo no sinal crístico? Ou utilizou-o habilmente e colocou-o em cena com fins oportunistas? Pagão tocado por magia, convencido pela astrologia como todos naquele período da Antiguidade, o imperador também pode ter compreendido o benefício de contar em suas fileiras com o rebanho cristão obediente, submisso ao poder, nunca protestando contra a ordem e a autoridade, fiel...

Seu pai, Constâncio Cloro, na Gália, praticara uma política de tolerância para com os sectários de Cristo e se saíra muito bem: estaria ele retomando então a hábil política politiqueira, aconselhado por intrigantes cristãos ativos? Visionário, estaria ele vislumbrando o interesse em utilizar essa força interessante anexando-a por vantagens sonantes e líquidas a seu projeto – digamos gramsciano... – de unificação do Império? A verdade é que nesse período do início do século IV, o improvável Jesus trombeteado por Paulo em todos os tons torna-se o instrumento da fanfarra de um Império novo...

2
O golpe de Estado de Constantino

Constantino realiza um golpe de Estado magistral. Vivemos ainda com essa herança funesta. Evidentemente, ele compreende o que pode obter de um povo submisso à exortação paulina de submeter-se às autoridades temporais, de aceitar sem protestar a miséria e a pobreza, de obedecer aos magistrados e funcionários do Império, de proibir qualquer desobediência temporal como sendo injúrias e insultos feitos a Deus, de condescender com a escravidão, a alienação, as desigualdades sociais. As cenas de martírio e as perseguições demonstram ao poder a excelência dessa gentalha para as pessoas impunes na cúpula do Estado.

Constantino então lhes dá garantias. Digamos de outro modo: ele os compra. E a transação funciona... Ele inscreve na lei romana novos artigos que satisfazem aos cristãos e oficializam o ideal ascético. Contra a dissolução dos costumes do Baixo-Império, a sexualidade livre, o triunfo dos jogos do circo ou as práticas orgíacas de certos cultos pagãos, ele legifera com severidade e complica o divórcio, proíbe o concubinato, transforma a prostituição em delito, condena a libertinagem sexual. Ao mesmo tempo, ab-roga a lei que proíbe os solteiros de herdar. De modo que as pessoas da Igreja podem a partir de então encher os bolsos depois de alguns falecimentos bem-vindos. A escravidão não é proibida, ao contrário do que afirmam os sectários de Cristo, mas vagamente suavizada... Em contrapartida, a magia é proibida, as lutas de gladiadores também. Ao mesmo tempo, Constantino ordena a construção de São Pedro e das basílicas secundárias. Os cristãos se regozijam, seu reino doravante é deste mundo...

Enquanto isso Fausta, segunda esposa do novo cristão, convence-o de que o enteado tentou seduzi-la. Sem averiguar, ele manda seus sicários torturarem e depois decapitarem seu próprio filho e seu sobrinho também envolvido na conjuração. Quando percebe que a imperatriz o enganou, deixa-a ao encargo dos mesmos executores que aproveitam um de seus banhos para mandar-lhe água fervente... Infanticida, homicida, uxoricida, o imperador muito cristão compra sua salvação e o silêncio da Igreja – que não condena os assassínios... – com novos presentes: isenções de impostos para as propriedades fundiárias eclesiásticas, subvenções generosas, criação de novas igrejas – São Paulo e São Lourenço. Variações sobre o tema do amor ao próximo...

Assim, bem disposto, o clero coberto de larguezas, gordamente nutrido, enriquecido pelas propinas do Príncipe, confia-lhe os plenos poderes no concílio de Nicéia em 325. O papa está ausente, por razões de saúde, dir-se-ia hoje. Constantino se autoproclama "décimo terceiro apóstolo", Paulo de Tarso passa a ter um fiel de braço armado. E que braço armado! A Igreja e o Estado formam então o que Henri-Irénée Marrou, historiador pouco suspeito de anticlericalismo, de ateísmo ou de esquerdismo, pois é cristão, chama de "Estado totalitário". O primeiro Estado cristão.

Enquanto isso, vagamente preocupada com a salvação de seu filho incitado ao machado e à água fervente, Helena faz uma viagem à Palestina. Cristã, e muito inspirada, lá ela descobre três cruzes de madeira com um dos tais *titulus*, evidentemente o de Cristo. Muito oportunamente, o lugar do Calvário situa-se sob o templo de Afrodite – que deve ser destruído, é claro... Com oitenta anos de idade, ela gasta as quantias consideráveis concedidas por Constantino para esse caso na construção de três igrejas: o Santo Sepulcro, o Jardim das Oliveiras e a Natividade, nas quais ela entesoura suas relíquias. Embora esses lugares tenham sido criados para a ocasião sem que jamais a história legitimasse ou justificasse essas alegações topográficas, o culto permanece... Em pagamento à vista por essa moeda maior, a Igreja conclui que Deus perdoa os crimes do filho e que faz da mãe uma heroína de sua mitologia. Em conseqüência, Helena foi canonizada e tornou-se a primeira imperatriz romana a entrar no panteão tanatofílico cristão.

Em Pentecostes de 337, em seu leito de morte, Constantino se faz batizar por um bispo ariano – de confissão herética em face dos ucasses do imperador em Nicéia... Decisão política, que mostra o gênio do imperador na matéria. De fato, com esse gesto ele reúne ortodoxos e heréticos e desse modo reconstitui a unidade da Igreja marcando o futuro, especialmente seu pós-reinado. Mesmo post mortem ele trabalha pela unidade do Império!

Como todos os tiranos incapazes de preparar sua sucessão, sua morte deixa o poder vacante e desestabiliza os altos funcionários do clero e do Estado. De modo que, durante mais de três meses – de 22 de maio a 9 de setembro, em pleno verão... –, os ministros civis, militares e religiosos todos os dias prestam contas de suas decisões a seu cadáver exposto. Seqüência da neurose, início do culto e do fascínio cristão pelos mortos, pelos cadáveres e pelas relíquias.

3
O devir persecutor dos perseguidos

O cristianismo conheceu a perseguição, certamente. Não tão freqüentemente quanto pretende a vulgata. Os números dos que deixaram sua pele aos leões na arena são reavaliados como consideravelmente mais baixos pelos historiadores desejosos de abandonar o terreno da apologética e de fazer seu trabalho conscienciosamente. Dezenas de milhares de mortos, escreve Eusébio de Cesaréia, pensador oficial de Constantino. Os números atuais giram em torno de três mil – a título de comparação, dez mil gladiadores lutam por ocasião dos jogos de Trajano unicamente para celebrar o fim da guerra contra os dácios em 107 de nossa era...

O que define hoje os regimes totalitários corresponde ponto por ponto ao Estado cristão tal como é fabricado pelos sucessores de Constantino: uso da repressão, perseguições, torturas, atos de vandalismo, destruição de bibliotecas e de lugares simbólicos, impunidade dos assassínios, onipresença da propaganda, poder absoluto do chefe, remodelagem de toda a sociedade segundo os princípios da ideologia de governo, extermínios dos oponentes, monopólio da violência legal e dos meios de comunicação, abolição da fronteira entre vida privada e espaço público, politização geral da sociedade, destruição do pluralismo, organização burocrática, expansionismo, sinais estes que qualificam o totalitarismo de sempre e o do Império cristão.

O imperador Teodósio declara o catolicismo religião de Estado em 380. Doze anos depois proíbe formalmente o culto pagão. O concílio de Nicéia já dá o tom. Teodósio II e Valentiniano III prescrevem em 449 a destruição de tudo o que possa provocar a cólera de Deus ou ferir almas cristãs! A definição parece bastante ampla para incluir infinitas exações em todos os terrenos. A tolerância, o amor ao próximo e o perdão dos pecados têm limites...

Constantino abre o baile em 330 rompendo as pontes com os filósofos Nicágoras, Hermógenes e Sopatros – executado por feitiçaria enquanto são mandados para a fogueira os escritos do neoplatônico Porfírio. Os autos-de-fé se sucedem e se juntam: lançam-se à fogueira uma vez as obras de Nestorius, outra as dos eumonianos e dos montanistas, as de Arius, é claro. Nas ruas de Alexandria, Hipácia, a neoplatônica, experimenta o amor ao próximo dos cristãos: perseguida, assassinada, despedaçada por monges, seu cadáver é arrastado pela rua e seus restos são calcinados...

4
Em nome da lei

Sempre prontos para legitimar o infame e conferir-lhe força de lei por designação do direito, os juristas dão uma fórmula legal a todas essas exações, crimes e delitos, perseguições e assassínios. É preciso ler o Código teodosiano, um suprasumo para demonstrar que o direito exprime *sempre* a dominação da casta no poder sobre a maioria. O Code Noir e as leis de Vichy, ambos extremamente cristãos (!), testemunham para os dubitativos...)

Vamos a detalhes: em 380 a lei condena os não-cristãos à infâmia, o que significa que ela justifica a supressão de seus direitos cívicos, portanto sua possibilidade de participar da vida da cidade, ensino, magistratura, por exemplo; decreta a pena de morte para todo indivíduo que atente contra a pessoa ou os bens dos ministros do catolicismo e seus lugares de culto; enquanto isso, os cristãos destroem os templos pagãos, confiscam, saqueiam e devastam os templos e seu mobiliário dentro de toda a legalidade, uma vez que os textos de lei o permitem...

A proibição de praticar cultos pagãos é acompanhada de um combate sem trégua contra as heresias definidas como o que não coincide com os decretos imperiais. As reuniões são proibidas, o maniqueísmno também, é claro, os judeus sofrem perseguição, tal como a magia ou a libertinagem de costumes. A lei convida à delação... Proíbe os casamentos entre judeus e cristãos... Autoriza o confisco dos bens não-cristãos. Logo Paulo de Tarso mostra o caminho uma vez que confessa sua presença num auto-de-fé de livros considerados de magia. Os Atos dos apóstolos nos informam disso (XIX, 1)...

Fiéis ao método da mãe de Constantino, os templos demolidos dão lugar a igrejas católicas. Aqui ou ali, sinagogas e santuários gnósticos desaparecem sob as chamas. As estátuas, às vezes preciosas, são destruídas, quebradas, reintegradas aos pedaços em edifícios cristãos. Os lugares de culto serão de tal modo pilhados que os escombros durante um tempo servirão para calçar os caminhos e para a construção de estradas e pontes. Isso mostra a dimensão dos estragos... Em Constantinopla, o templo de Afrodite serve de garagem para as carroças. As árvores sagradas são arrancadas.

Um texto de 356 (19 de fevereiro) pune com a pena capital as pessoas convictas de adorar ídolos ou de se dedicar a sacrifícios. Como então surpreender-se com os casos de mortes humanas? Cenas de tortura são assinaladas em Dídima e Antióquia onde cristãos se apoderam de um profeta de Apolo para submetê-lo a tortura. Em Citópolis na Palestina, Domitius Modestus dirige os interrogatórios das mais altas personalidades dos meios políticos e intelectuais de Antióquia e Alexandria. O açougueiro cristão fazia o propósito de não deixar sobreviver nenhum homem culto. Numerosos filósofos neoplatônicos morrem nessa repressão feroz. Em sua *Homilia sobre as estátuas*, são João Crisóstomo justifica a violência física e escreve explicitamente que "os cristãos são os depositários da ordem pública"...

Em Alexandria, em 389, cristãos atacam um templo de Serápis e um Mithraeum. Publicamente exibem e escarnecem os ídolos pagãos. Os fiéis se revoltam – "sobretudo os filósofos" dizem os textos... Segue-se uma rebelião, com um número considerável de mortos de ambos os lados. Em Sufes, na África do Norte, no início do século V, monges agem do mesmo modo com uma estátua de Hércules, deus da cidade: cerca de sessenta mortos... Bandos de monges saqueiam os santuários da montanha fenícia encorajados pelo João Crisóstomo já citado. O convite paulino a desprezar a cultura, o saber, os livros, a inteligência e a se contentar com a fé encontra aqui sua realização...

5
Vandalismo, autos-de-fé e cultura de morte

Os cristãos o afirmam seguindo Paulo de Tarso: a cultura obstrui o acesso a Deus. Daí as fogueiras. Todos os autores suspeitos de heresia, é claro, Arius primeiro, Mani também, igualmente os nestorianos, mas também as obras neoplatônicas, os livros de adivinhação ditos de magia, e provavelmente todos os exemplares das bibliotecas daqueles que as possuem e que, como em Antióquia em 370, amedrontados pela perseguição e pelos riscos corridos, tomam a dianteira dos comissários do povo cristão e incendeiam seus próprios livros. Em 391, o bispo de Alexandria ordena a destruição do Serapeion – a biblioteca vira fumaça...

Em 529, a escola neoplatônica de Atenas é fechada. Confisco dos bens pelo Império cristão. O paganismo mantém-se na capital grega há séculos. Os ensinamentos de Platão podiam se prevalecer de dez séculos de transmissão contínua. Os filósofos tomam o caminho do exílio e partem para a Pérsia. Triunfo de Paulo de Tarso ridicularizado no passado pelos estóicos e pelos epicuristas na cidade da filosofia por ocasião de sua tentativa de evangelização. Sucesso póstumo do aborto de Deus e de suas neuroses calamitosas! Cultura de morte, cultura de ódio, cultura de desprezo e de intolerância... Em Constantinopla, em 562, os cristãos prendem "helenos" – epíteto insultuoso... –, percorrem a cidade com eles e os ridicularizam. Praça do Kenegion, acende-se um imenso braseiro no qual se lançam seus livros e as imagens de seus deuses.

Justiniano aperta o garrote e endurece a legislação cristã contra o heterodoxo. Proibição de herança ou transmissão de bens de não-cristãos para pagãos; proibição de testemunhar na justiça contra sectários da Igreja; proibição de empregar escravos cristãos; proibição de realizar ação jurídica; proibição da liberdade de consciência (!) em 529 e obrigação para os pagãos de se instruir na religião cristã, depois de obter o batismo sob pena de exílio ou de confisco de seus bens; para os convertidos à religião de amor, proibição de voltar ao paganismo; proibição de ensinar ou dispor de pensões públicas. Filosofar torna-se perigoso por pelo menos mil anos... A teocracia revela-se nessa época – como em todas as outras que se seguem – o exato inverso da democracia.

quarta parte

TEOCRACIA

I

PEQUENA TEORIA DOS EXCERTOS

1

A extraterritorialidade histórica

Todos conhecem a existência dos três livros do monoteísmo, mas muito poucos conhecem suas datas, seus autores e as aventuras do estabelecimento do texto: redação definitiva, definição do corpus intocável. Pois Torah, Velho Testamento, Bíblia, Novo Testamento, Corão levam um tempo enorme para sair da história e dar a impressão de proceder apenas de Deus e de só ter contas a prestar aos que entram nesses templos de papel munidos unicamente de sua fé, desvencilhados da razão e da inteligência.

Uma curiosidade: procurar as datas de escrita e de surgimento de todos os textos que constituem os livros sagrados numa biblioteca especializada em história das religiões cria problemas consideráveis. Como se mesmo os historiadores, pessoas racionais, parecessem indiferentes às condições de produção desses textos, contudo muito úteis para abordar e compreender seu conteúdo. O Gênese, por exemplo? Contemporâneo de que livro, de que autor? Da *Epopéia de Gilgamesh* ou da *Ilíada*? Da *Teogonia* de Hesíodo, dos *Upanishad* ou dos *Analectos* de Confúcio?

Entramos nesse texto inaugural da Torah, do Velho Testamento e da Bíblia sem saber nada mais sobre eles, até mesmo sem consciência da nossa falta de cultura sobre o assunto.

Essas páginas, como todas as outras, gozam de um estatuto de extraterritorialidade histórica. Essa estranheza metodológica dá razão aos devotos que afirmam esses livros sem autores humanos, sem data de nascimento estabelecida, certo dia caídos do céu de maneira milagrosa ou ditados a um homem inspirado por um sopro divino inacessível ao tempo, à entropia, isento de qualquer geração ou corrupção. Mistério!

Durante séculos o clero proíbe a leitura direta dos textos. Julga seu questionamento histórico humano, demasiado humano. Continuamos vivendo mais ou menos sob esse reinado. Intuitivamente, os servidores das religiões sabem que um contato direto, uma leitura inteligente e de bom senso violam a incoerência dessas páginas escritas por um número considerável de pessoas, depois de longos séculos de tradição oral num período histórico extremamente extenso, tendo sido todas copiadas mil vezes por escribas pouco escrupulosos, simplórios, até mesmo realmente e voluntariamente falsificadores. Ao deixar de abordá-los como objetos sagrados, logo se deixa de acreditá-los santos. Daí o interesse de lê-los de fato, com a caneta na mão...

2
Vinte e sete séculos de empreitada

Quando finalmente se encontram essas informações, a surpresa persiste. A edição da Bíblia de Emile Osty e Joseph Trinquet sugere sua amplitude: entre os séculos XII e II a.C. Portanto, entre os últimos livros de sabedoria egípcia – o escriba Ani, por exemplo – e a Nova Academia de Carnéades. Jean Soler – excelente quebrador de mitos – revela a sua: entre os séculos V e I antes da era comum, ou seja, entre Sócrates e Lucrécio. Mas alguns pesquisadores reduzem mais o tempo e sugerem: III e II...

Quase dez séculos de diferença quanto à data de nascimento do primeiro livro da Bíblia! Difícil, então, pensar como historiador e fazer um trabalho de contextualização sociológica, política e filosófica. O trabalho de extinção, voluntária ou não, dos vestígios, das provas de historicidade, o escamoteamento das elaborações produz seu efeito: não se sabe que homens produzem esses livros, que condições imanentes os tornam possíveis. Então, o caminho está livre para as fabulações dos defensores de uma fonte divina!

Mesma imprecisão para os textos do Novo Testamento. Os mais antigos datam de meio século após a suposta existência de Jesus. Em todas as hipóteses, nenhum dos evangelistas conheceu Jesus realmente, fisicamente. No máximo, seu saber é da ordem do relato mitológico e fabuloso contado oralmente, depois transcrito, um dia, entre os anos 50 da era comum – as epístolas de Paulo – e o final do século I – o Apocalipse. No entanto, não existe nenhuma cópia dos evangelhos antes do final do século II ou do início do III. Datamos atentando para os pretensos fatos, acreditando a priori no que os textos contam.

Uma vez que são de Marcos, Lucas, Mateus, etc., uma vez que navegamos nessas águas, os textos devem datar deste ou daquele ano – embora o documento mais antigo seja bem tardio, contemporâneo do que alguns chamam de "forjamento" do cristianismo, os tais decênios do século II de nossa era. Em 1546, o concílio de Trento é categórico e decide sobre o corpus definitivo a partir da Vulgata, por sua vez fabricada com o texto hebraico, traduzido nos séculos IV e V por um Jerônimo pouco preocupado com a honestidade intelectual...

Os judeus constituem seu corpus com a mesma lentidão, e ao longo de um período igualmente extenso. Embora se considerem alguns textos da Torah datados do século XII a.C., é preciso esperar alguns anos após a destruição do Templo de Jerusalém, por volta do ano 100, para que rabinos fariseus estabeleçam os detalhes da Bíblia hebraica. Na mesma época, Epicteto vive na Roma imperial uma vida de estóico emblemático...

No início do século III, eles caligrafam sobre rolos de pergaminho o ensinamento da Torah (a Mishna). Simultaneamente, Diógenes Laércio colige seus documentos e prepara-se para redigir sua *Vidas, opiniões e sentenças dos filósofos ilustres*. Por volta de 500, rabinos emigrados da Palestina finalizam o Talmud da Babilônia, um comentário da Mishna. Nesse momento, Boécio compõe na prisão sua *Consolação da filosofia*. É preciso esperar o período do ano 1000 para ver o texto da Bíblia hebraica definitivamente estabelecido. Enquanto isso, em seu reduto, Avicena tenta conciliar a filosofia e o islã.

É também o período em que, com um punhado de Corãos – é necessário acrescentar um s... –, alguns muçulmanos estabelecem uma versão definitiva: pois, para esse trabalho, é preciso escolher entre várias versões, confrontar dialetos, unificar a sintaxe, trabalhar o grafismo, a correção ortográfica, separar versículos ab-rogantes e versículos ab-rogados para evitar uma incoerência muito gritante. Uma verdadeira empreitada de calibragem textual, certamente, mas também ideológica. O tempo trabalha os documentos, a história desse forjamento está por ser escrita meticulosamente.

Conclusão: se tomarmos a montante a datação mais antiga (século XII a.C.) para o mais antigo livro veterotestamentário, depois, a jusante, o estabelecimento do corpus neotestamentário no concílio de Trento (século XVI), a empreitada dos monoteísmos se estende por vinte e sete séculos de história movimentada. Para livros diretamente ditados por Deus a suas ovelhas, as ocasiões intermediárias se contam às dezenas. Pelo menos elas invocam e merecem um verdadeiro trabalho arqueológico.

3
A casa da sogra monoteísta

O que há de certo nessa varredura histórica estonteante? Nem mesmo a data de nascimento do monoteísmo... Alguns a situam por volta do século III, mas Jean Soler sustenta que seja por volta dos séculos IV e III, portanto bastante tarde. Também aqui persiste a vagueza. Mas as intenções genealógicas parecem claras: os judeus o inventam – embora inspirando-se no culto solar egípcio... – para tornar possíveis a coerência, a coesão, a existência de seu pequeno povo ameaçado. A mitologia fabricada por eles permite criar um Deus guerreiro, combatente, sanguinário, agressivo, comandante de guerra muito útil para mobilizar a força das pessoas sem terra. O mito do povo eleito fundamenta a essência e a existência de uma Nação a partir de então dotada de um destino.

Dessa invenção restam alguns milhares de páginas canônicas. Muito pouco, afinal, em vista de seus efeitos sobre a totalidade do mundo há mais de vinte séculos. Para tomar uma edição semelhante – a Pléiade que, diga-se de passagem, opta ideologicamente pela encadernação cinza dos textos sagrados e não pela verde dos textos da Antiguidade... –, o Velho Testamento totaliza por alto três mil e quinhentas páginas, o Novo, novecentas, o Corão setecentas e cinqüenta, ou seja, um pouco mais de cinco mil páginas nas quais está dito tudo e o contrário de tudo...

Em cada um desses três livros fundadores, abundam as contradições: a uma coisa dita corresponde quase imediatamente seu contrário, uma opinião triunfa mas seu oposto exato também, um valor é prescrito, sua antítese um pouco mais adiante. O trabalho de estabelecimento definitivo, a construção de um corpus coerente não faz diferença, nem mesmo a decisão de decretar três evangelhos sinópticos porque legíveis um em face do outro. O judeu, o cristão, o muçulmano podem, conforme queiram, servir-se da Torah, dos Evangelhos e do Corão, encontram conforme sua necessidade matéria para justificar o branco e o preto, o dia e a noite, o vício e a virtude.

Um comandante de guerra procura um versículo que justifique sua ação? Encontra uma quantidade incrível. Mas um pacifista que detesta a guerra, determinado a fazer triunfar seu ponto de vista, pode do mesmo modo brandir uma frase, uma citação, uma palavra inversas! Um serve-se do texto para justificar a guerra de extermínio total? Os livros existem, os textos também! Outro invoca a paz universal? Também encontra máximas que lhe convêm. Um anti-semita justifica seu ódio histérico? Um crente deseja fundamentar seu desprezo aos palestinos com a Bíblia na mão? Um misógino, provar a inferioridade das mulheres? Os textos abundam e o permitem... Mas uma palavra extraída nesse amontoado confuso também autoriza a concluir o contrário. Igualmente quando se quer descarregar a consciência justificando o ódio, o massacre, o desprezo, há matéria tanto para justificar a vilania quanto para professar um indefectível amor ao próximo.

Demasiadas páginas escritas ao longo de demasiados anos por demasiada gente desconhecida, demasiadas retomadas e arrependimentos, demasiadas fontes, demasiada matéria: na falta de um único inspirador, Deus, os três livros ditos sagrados supõem demasiados escribas, intermediários e copistas. Nenhum desses livros é coerente, homogêneo, unívoco. Concluamos portanto pela incoerência, pela heterogeneidade e pela plurivocidade dos ensinamentos. Ler atentamente, partir do início e visar o fim tomando o caminho balizado, eis um método muito simples mas pouco praticado.

Quem leu verdadeiramente, in extenso, o livro de sua religião? Quem, tendo-o lido, fez funcionar a razão, a memória, a inteligência, o espírito crítico com relação ao detalhe e ao conjunto de sua leitura? Ler supõe não fazer as páginas correrem entre as mãos, salmodiá-las como dervixe dançante, consultá-las à maneira de um catálogo, extrair aqui e ali, de vez em quando, uma página para uma história, mas demorar-se *meditando o conjunto*. Assim fazendo, descobre-se a incrível inverossimilhança, a trama de incoerências desses três livros construtores de Impérios, de Estados, de Nações, de História há mais de dois milênios.

4
Uma lógica dos excertos

Nesse sítio de escavações ao ar livre, a extração reina como senhor. Como cada um desses livros passa por ser inspirado ou ditado por Deus, ele só pode ser perfeito, absoluto, definitivo. Deus domina o uso da razão, o princípio de não-contradição, a dialética das conseqüências, a causalidade lógica, senão deixa de ser Deus. O Todo sendo perfeito, as Partes que o constituem também o são. Assim, a totalidade do livro obedece à perfeição dos momentos que o arquitetam: a Bíblia é Verdadeira, portanto cada um de seus fragmentos também o é, uma frase extraída também.

Partindo desse princípio, interpreta-se o Espírito a partir da Letra – e vice-versa. Um excerto diz o contrário? Sim, mas um terceiro expressa o contrário do contrário. E extrai-se uma outra frase que, trazendo a contradição ao contrário, restaura a proposição primeira. Esse jogo de justificações de sua tese pelo uso de uma citação extraída de um texto e de um contexto permite que cada um utilize os textos ditos sagrados para sua causa: Hitler justifica sua ação celebrando Jesus que expulsa os mercadores do Templo, ao passo que Martin Luther King legitima sua não-violência citando também os Evangelhos... o Estado de Israel apóia-se na Torah para justificar a colonização da Palestina, os palestinos citam o Corão para os desalojar por meio do assassínio. As sofistarias, a habilidade dialética tortuosa, o gosto pela argumentação são suficientes para dar a bênção ao vício e destinar a virtude às gemônias.

Exemplo judaico: a história é conhecida, Javé intervém pessoalmente, na montanha, em meio ao fogo, numa nuvem, nimbado pela fumaça, e fornece a Moisés com voz forte – imagina-se que não muito delicada e pouco segura... – seus dez mandamentos. Na lista, o quinto, o mais famoso: "Não matarás." (Dt V, 17). Não poderia ser mais simples: pronome pessoal sujeito [oculto], verbo no futuro simples com valor de ordem e locução negativa. Deus se expressa de modo simples. Um caso de análise lógica para a escola primária, fórmula audível para a inteligência mais obtusa: proibição de praticar assassínio, proibição de tirar a vida de quem quer que seja, princípio absoluto, intocável, que não justifica nenhum arranjo, não admite nenhuma dispensa, nenhuma restrição. A coisa está dita, entendida.

Extrair essas poucas palavras do decálogo é suficiente para definir uma ética. Não-violência, paz, amor, perdão, doçura, tolerância, todo um programa que exclui a guerra, a violência, os exércitos, a pena de morte, os combates, as Cruzadas, a

Inquisição, o colonialismo, a bomba atômica, o assassínio, coisas estas, no entanto, que os defensores da Bíblia praticam durante séculos, sem constrangimento, no próprio nome de seu tal livro santo. Por que, então, esse aparente paralogismo?

Aparente porque no próprio Deuteronômio, não muito mais adiante, um punhado de versículos depois (Dt VII, 1), o mesmo Javé intervém para justificar os judeus quanto ao extermínio de um certo número de populações explicitamente nomeadas na Torah: os hititas – a Ásia Menor –, os amoreus, os periseus, os cananeus, os gergeseus, os hivitas, os jebuseus, não menos de sete povos, entre um grande número que constitui então a Palestina. Com relação a essas nações, Javé autoriza o anátema, o racismo – proibição do casamento misto –, proíbe o contrato, recusa toda piedade, exorta à destruição de seus altares, seus monumentos, legitima autos-de-fé. Por que razões? Resposta: os judeus são o povo eleito (Dt VII, 6), escolhido por Deus, contra todos os outros, apesar de todos os outros.

De um lado, não matar; do outro, o vocabulário da seqüência do Deuteronômio: bater, morrer, aniquilar, queimar, despojar, e outros termos ligados ao registro da guerra total. Javé justifica o massacre de tudo o que vive, homens e animais, mulheres e crianças, velhos, burros, bois, o mais ínfimo animal diz o texto, tudo deve passar pelo fio da espada (Js VI, 21). A conquista do país de Canaã, a tomada de Jericó custa o preço de toda e qualquer vida. A cidade é incendiada. O ouro e o dinheiro escapam à desforra e são consagrados a Javé, por sua grandeza, seus prodígios e sua cumplicidade naquilo que bem pode ser chamado *o primeiro genocídio*: o extermínio de um povo.

O que concluir? Deve-se ver nisso uma contradição definitiva? Ou será preciso ler melhor, mais sutilmente, saindo dos caminhos batidos habitualmente tomados para abordar esse tema? Pois o imperativo de não matar pode parecer compatível com a legitimação do extermínio de um povo. Em seu tempo, Leon Trotski formula a solução escrevendo, por outras razões e em outras circunstâncias, um livro intitulado *A moral deles e a nossa*: uma moral de combate, uma ética para uns, outro código para os outros.

Hipótese: o decálogo vale como exortação local, sectária e comunitária. Subentendido "tu, judeu, não matarás judeus". O mandamento exerce papel arquitetônico para que a comunidade viva e sobreviva. Em contrapartida, matar os outros, os não-judeus, os goys – a palavra indica dois mundos irredutíveis –, o delito não é propriamente matar, pelo menos isso já não é da esfera dos dez mandamentos. O imperativo de não tirar a vida deixa de ser categórico e torna-se hipotético. Não fundamenta o universal, mas mantém o particular. Javé fala a seu povo eleito e não tem nenhuma consideração pelos outros. A Torah inventa a desigualdade ética, ontológica e metafísica das raças.

5
O açoite e a outra face

Exemplo cristão, desta vez, de contradições possíveis ou de paralogismos. Os quatro evangelhos dão a impressão de celebrar apenas doçura, paz e amor. Jesus brilha como exemplo do perdão aos pecadores, dotado da palavra consoladora destinada aos doentes e aos aflitos, fazendo o elogio dos simples de espírito e outras variações sobre o tema do pensamento caridoso. Essa é a habitual parafernália do Messias contada às criancinhas e encenada no domingo na pregação dirigida às famílias.

Peças selecionadas para ilustrar esse aspecto do personagem: a parábola da outra face. Nós a conhecemos. Mateus a conta (V, 39), Lucas a empresta de Mateus (VI, 29): Jesus ensina que ele não abole o Velho Testamento, mas o completa. Com respeito ao talião, apresenta o que significa completar: ultrapassar. Aos que praticam olho por olho e dente por dente, opõe uma nova teoria: para um tapa na face direita, voltar a outra face. (Que, provavelmente, levará outro...)

Também nesse caso, como para o quinto mandamento, a exortação não sofre nenhum ajuste. Ninguém pode tergiversar, virar a parábola em todos os sentidos, e justificar a devolução do tapa como resposta à ofensa. Um tapa, e o cristão replica com essa abstenção que desarma. Compreende-se que o Império romano tenha tido tanta facilidade com os mártires cristãos mandados para o fosso dos leões! Essa doutrina destina ao massacre sem desferir um só golpe quando se tem na frente um embrutecido determinado. O Mahatma Gandhi e os seus deitados sobre as vias férreas podiam inspirar-se no espírito dos evangelhos enquanto não tinham pela frente um chefe de esquadrão nazista que rapidamente lhes tirasse o uso de suas duas faces...

Mas há também nos evangelhos uma outra parábola, história igualmente validada pelas autoridades cristãs, uma vez que figura no Cânone: os mercadores do Templo. É do próprio Jesus, e não se pode alegar que a outra face pertence aos ensinamentos do Messias, porque a fúria crística, sua cólera e sua violência – cordas transformadas em açoite (Jo II, 14) – procedem de um personagem subalterno, de um apóstolo, de um figurante no texto. O próprio Jesus que se recusa a devolver tapa por tapa expulsa violentamente os mercadores do Templo acusados de vender bois, ovelhas, pombas, e de trocar dinheiro em seus balcões. Doce? Pacífico? Tolerante Jesus?

Para responder aos crentes que acham esse momento insuficiente para invalidar a figura de um Cristo pacífico, lembremos algumas outras passagens do Novo Testamento em que seu herói nem sempre se comporta como gentleman... Assim, quando ele professa sete *maldições* contra os fariseus e escribas hipócritas (Lc XI, 42-52); quando condena à *geena* os indivíduos que não crêem nele (Lc X, 15 e XII, 10); quando *invectiva* as cidades do norte do lago de Genésare acusadas de não terem feito penitência; quando anuncia a *ruína* de Jerusalém e a *destruição* do Templo (Mc XIII); quando professa que quem não está com ele está *contra* ele (Lc XI, 23); quando ensina que veio não pela paz mas pela *espada* (Mt X, 34); e assim por diante...

6
Hitler, discípulo de são João

Em virtude dessa tal teoria dos excertos, Adolf Hitler fala muito bem da parábola dos mercadores do Templo extraída do evangelho segundo são João. Direi adiante o quanto Hitler, cristão que nunca abjura sua fé, celebra a Igreja católica, apostólica e romana, elogia a excelência de sua arte de construir uma civilização, depois profetiza sua perenidade nos séculos futuros. Por enquanto, constato que em *Minha luta* ele remete explicitamente – página 306 da tradução francesa de Nouvelles Éditions Latines – ao *açoite*, portanto à passagem de João (II, 14), o único a dar esse detalhe, para dizer qual o cristianismo que ele defende: o *verdadeiro cristianismo* (p. 306) com sua *fé apodíctica* (p. 451) – suas próprias expressões...

Um cristão que não renega os dois tempos da Bíblia pode também ir ao Êxodo (XXI, 23) para recorrer à lei do talião. No detalhe, ele exorta a trocar olho por olho, dente por dente, como se sabe, mas também mão por mão, pé por pé, queimadura por queimadura, ferimento por ferimento, contusão por contusão. Certamente, como vimos, Jesus sugere a outra face como alternativa à fórmula tribal. Mas se ab-rogamos essa parábola evangélica pela do talião veterotestamentário, uma vez que confirmamos o momento neotestamentário dos mercadores do Templo, o pior se justifica sem dificuldade. Assim apoiados em sofistarias, podemos justificar a Noite dos cristais como uma evicção moderna dos mercadores do Templo – lembremos que Jesus os repreende por fazerem comércio e câmbio naquele lugar... Depois, prosseguindo a argumentação histérica, a solução final torna-se a resposta sob forma de talião à fantasia nacional-socialista do judaizamento racial e bolchevique da Europa... Infelizmente, o açoite metafórico permite ao dialetista e ao rétor resoluto legitimar a câmara de gás. Pio XII e a Igreja católica sucumbem, aliás, aos encantos desses paralogismos hitlerianos desde as primeiras horas até hoje, se considerarmos confissão de colaboração uma incapacidade de confessar ainda hoje o erro que foi o apoio do Vaticano ao nazismo. Voltarei ao assunto adiante.

7
Alá não tem vocação para a lógica

Hitler – Abu Ali em árabe – gosta muito da religião muçulmana, essencialmente viril, guerreira, conquistadora e militar. E muitos fiéis lhe retribuem a gentileza na história: em outros tempos o grande mufti de Jerusalém, mas também os militantes anti-semitas e anti-sionistas de sempre que reciclam antigos nazistas nos postos mais elevados dos Estados-maiores e dos serviços secretos do Oriente Próximo depois da guerra, que protegem, dissimulam e mantêm inúmeros criminosos de guerra do terceiro Reich em seus territórios – Síria, Egito, Arábia Saudita, Palestina. Sem falar de um número incrível de conversões de antigos dignitários do Reich à religião do Corão.

Vamos continuar examinando, depois do Velho e do Novo Testamentos, a possibilidade de contradições, de paralogismos e de excertos potenciais para justificar o pior. A proibição judaica de matar e simultaneamente o elogio do holocausto; o amor ao próximo cristão e, ao mesmo tempo, a legitimação da violência pela cólera pretensamente ditada por Deus, estes são dois problemas especificamente bíblicos. E o mesmo ocorre com o terceiro livro monoteísta, o Corão, também ele carregado de potencialidades monstruosas.

Exemplo muçulmano, então: uma surata (IV, 82) muito imprudente afirma que o Corão provém diretamente de Alá. A prova? A inexistência de *contradições* no livro divino... Ai! Não é preciso muito tempo para perceber que elas abundam ao longo das páginas! Em várias ocasiões, o Corão fala de si mesmo com prazer por existir: inteligentemente exposto (VI, 114) – como Espinosa... –, claramente desenvolvido (XXII, 16) – como uma proposição de Descartes... –, sem tortuosidade (XXXIX, 28) – à maneira de uma página de Bergson... Só que na obra fervilham afirmações contraditórias. Basta abaixar-se conceitualmente para colhê-las.

O Corão comporta cento e vinte e quatro suratas que se abrem todas, exceto a nona, com a repetição do primeiro versículo da primeira surata (I, 1), a frase inicial do livro: "Em nome de Deus: aquele que faz misericórdia, o Misericordioso." Está dito. A tradição dá noventa e nove nomes a Deus, o centésimo é revelado apenas na vida futura. Entre eles, variações sobre o tema da misericórdia: o Todo-Perdoador – Al-Gaffar –, o Justo, o Eqüitativo, o Sutil-Bondoso, o Bom – Al-Latif –, o Longânime, o Clementíssimo – Al Halim –, o Bem-Amante, o Benfeitor – Al-Barr –, o Indulgente – Al'Afouww –, o detentor da Generosidade – Zhu-I-Jalali.

Vejamos no Littré: a misericórdia define "a graça, o perdão concedido aos que poderiam ser punidos". Ou então, tratando-se especificamente de religião: "bondade pela qual Deus faz graça aos homens e aos pecadores". Como então se pode justificar que entre seus outros nomes esteja também: o que avilta – Al-Mouhill –, o que faz morrer – Al-Moumit –, o vingador – Al Mountaqim –, o que pode prejudicar as pessoas que o ofendem – Al-Darr? Aviltar, matar, vingar, prejudicar, curiosa maneira de praticar a misericórdia! O que dezenas de suratas justificam ao longo das páginas...

8
Inventário das contradições

Alá aparece incessantemente no Corão como guerreiro sem piedade. Certamente, ele pode exercer sua magnanimidade, ela faz parte de suas atribuições. Mas quando? Onde? Com quem? Passa-se pelo fio da espada, avilta-se pelo jugo, tortura-se, queima-se, pilha-se e massacra-se muito mais do que se pratica o amor ao próximo. E isso nos fatos e gestos do Profeta tanto quanto no texto do livro sagrado. Teoria muçulmana e prática islâmica não brilham pela misericórdia!

Pois o próprio Maomé não foi exímio nas virtudes cavalheirescas, sua biografia comprova: o Maomé de Medina pratica a razia por ocasião de guerras tribais, atribui a si mesmo cativas de guerra, partilha os butins, manda os amigos na linha de frente para as exações guerreiras, depois, mal é atingido por uma pedra, assiste à debandada dos amigos dissimulado numa trincheira, encomenda aos próximos a eliminação deste ou daquele adversário incômodo, quando combate massacra judeus alegremente, etc. Alá é grande, certamente, portanto seu Profeta Maomé também, mas não examinemos demais as qualidades do enviado, pois Deus bem poderia padecer...

Magnânimo, portanto. Inventário do contrário: Alá é brilhante em estratégia, tática de guerra ou *punição* – matar, entre outras – (VIII, 30); utiliza a *artimanha* com virtuosismo (III, 54), ora, essa virtude dos cínicos parece mais um vício do que outra coisa; recorre de bom grado à violência e decide sobre a *morte* (III, 156); trama *castigos ignominiosos* para os incrédulos (IV, 102); é o *Senhor da vingança* (V, 95 e III, 4); *aniquila* os incrédulos (III, 141); pratica de tal modo essa virtude sublime que não tolera nem mesmo uma crença diferente de seu desejo: pune então os que têm uma *idéia errada* dele (XLVIII). Bom dia magnanimidade...

9
Tudo e o contrário de tudo

O Corão contradiz portanto em múltiplos lugares cada uma das invocações de abertura de surata nas quais Deus é apresentado como Magnânimo. Nos detalhes também encontra-se matéria para apontar contradições: exortação a matar os incrédulos (VIII, 39) e os politeístas (IX, 5), *mas* elogio no versículo seguinte a quem lhes oferece asilo (IX, 6); propósito de combater violentamente os incrédulos (VIII, 39), *mas* celebração do perdão (VIII, 199), do esquecimento (V, 13) e da paz (XLVX); justificação do massacre (IV, 56, IV, 91, II, 191-194), *mas* utilização freqüente de uma surata – ela reabilita freqüentemente o islã de seu tropismo pela carnificina – que diz: matar um homem que não cometeu violência na terra é matar todos os homens, e do mesmo modo salvar um único é salvar todos (V, 32); justificação do talião (II, 178, V, 38), *mas* renunciar a ele permite obter expiação de seus erros (V, 45);

proibição de ter como amigos judeus ou cristãos (V, 51), *mas* permissão para que os homens se casem com mulheres que pratiquem a religião dos dois outros Livros (V, 5), ao que se acrescenta um versículo afirmando a fraternidade de todos os crentes (XLIX, 10), depois propósito de conversar com eles de maneira cortês (XXIX, 46); legitimação da caça ao ímpio (IV, 91), *mas* celebração da indiferença para com quem se desvia de Deus (IV, 80); prescrição da canga no pescoço dos infiéis (XIII, 5), *mas* outro versículo freqüentemente utilizado para provar a tolerância da religião muçulmana: "não há coerção em religião"! (II, 256) – imagine...; invocação de Deus para a aniquilação dos judeus e dos cristãos (IX, 30), *mas* promulgação de uma sentença de amizade entre os crentes alguns versículos adiante na mesma surata (IX, 71); afirmação da igualdade de todos e todas diante da vida e da morte (XLV, 21), *mas* desolação na terra quando numa família nasce uma menina (XLIII, 17), depois confirmação de que, depois da morte, reina a desigualdade: o Paraíso para alguns, o Inferno para outros (LIX, 20); uma vez, o Profeta ensina que a recompensa do Bem é o Paraíso (III, 136), *mas* outra vez ele afirma que a mencionada recompensa do Bem é... o Bem (LV, 60); afirmação de que tudo procede do querer de Deus que desencaminha cientemente (XLV, 23), *mas*, apesar de tudo, o homem é responsável por seus feitos e gestos (LII, 21) – não se é herdeiro impunemente de Moisés e de Jesus...

Se, como ensina a surata intitulada "As mulheres", a ausência de contradições no Corão prova a origem divina do Livro – ditado durante vinte anos, em Meca e em Medina, a um homem que, coletor de excremento de camelos, não sabia, pobre coitado, nem ler nem escrever... –, a quantidade de contradições acumuladas e apontadas acima abreviadamente permite afirmar a origem humana, muito humana, demasiado humana da obra em questão! Paradoxalmente, a tese corânica de uma ausência de contradições no texto contrariada pelo exame do texto dá razão ao texto, o que permite concluir por sua origem humana e não divina...

10
A contextualização, uma sofistaria

Diante desse dilúvio de verdades contrariadas por igual número de contraverdades, diante da desordem dessa empreitada metafísica em que toda afirmação dispõe de sua negação, alguns pretendem justificar a lógica de seus próprios excertos para mostrar que a totalidade do islã se reduz à porção de textos destacados por suas coletas. Um apresenta um islã moderado, outro um islã fundamentalista, um terceiro um islã laico (!), aberto, republicano.

Há fanfarrões que falam até de um islã feminista e baseiam-se na biografia do Profeta que, Abençoado seja seu Nome, ajudava sua mulher Aicha a executar tarefas domésticas. Os mesmos, nunca de inteligência retardada, contextualizam grosseiramente, depois deduzem das corridas de camelos em que se enfrentam Maomé e sua esposa a possibilidade, hoje, de campeonatos mistos de futebol! Um palhaço da mesma família, que se vangloria de ter ciência, também contextualiza as suratas e versículos aos montes a ponto de afirmar que o Corão prevê a conquista espacial (LV, 33) e a invenção da informática! Vamos parar por aqui...

Uns extraem o que permite um islã aparentemente tolerante: basta isolar os versículos em que o Profeta exorta a dar asilo aos infiéis, a praticar o perdão, o esquecimento, a paz, a recusar toda violência e todo crime, a renunciar ao talião, a amar o próximo, seja ele judeu, cristão, descrente, ateu, politeísta, a tolerar a diferença de pontos de vista. Por infelicidade outro afirma exatamente o contrário e parece igualmente legítimo ao acreditar na justeza e na legitimidade do crime, do assassínio, da violência, do ódio, do desprezo... Pois não há verdade no Corão nem leitura correta, apenas interpretações fragmentárias, ideologicamente interessadas para beneficiar-se, pessoalmente, da autoridade do livro e da religião.

O que significa por exemplo contextualizar um versículo que exorta a massacrar os judeus? Explicá-lo em função da época, do contexto histórico, das razões que levam a escrever e pensar isso no momento tribal? E depois? O anti-semitismo desaparece quando se mostra seu enraizamento no solo datado de uma história e de uma geografia? O apelo ao crime deixa subitamente, como por encanto, de ser um apelo ao crime? Não se pode negar que o texto tenha sido escrito preto no branco, seja o que for que se pense do contexto. Mesmo que o contrário se encontre no texto, lê-se nele também o anti-semitismo e de maneira igualmente legítima.

Paradoxalmente, os apreciadores muçulmanos de contextualização consideram seu Livro sagrado, divino, inspirado, revelado, ditado por Deus. Então, e de fato, o Corão torna-se racionalmente intocável. Mas, para servir a seus interesses, eles mudam de registro e de repente desejam uma leitura histórica. Querem a fé e a razão, a crença e o arquivo, a fábula e a verdade, conforme suas necessidades dialéticas. Uma vez num terreno místico, outra no registro filosófico, inapreensíveis, nunca no mesmo comprimento de onda que um leitor desprovido de preconceitos ou de convicções decidido a ler verdadeiramente o texto.

Defendo a leitura histórica dos três livros que se pretendem sagrados. E a necessidade de enxergar suas produções efetivas na história do Ocidente e do mundo. As fábulas judaicas sobre Canaã, as profecias genocidárias mosaicas, a perspectiva de um decálogo comunitário, a lei do talião, o açoite contra os mercadores do Templo, a misericórdia de um Deus assassino, anti-semita, intolerante, forjam a episteme monoteísta, apesar da proibição de matar da Torah, do amor ao próximo dos Evangelhos e da mistura efetuada aqui e ali no Corão. Esses três livros servem com mais freqüência do que convém à pulsão de morte consubstancial à neurose da religião de um só Deus – transformada em religião só de Deus.

II
A SERVIÇO DA PULSÃO DE MORTE

1
As indignações seletivas

A possibilidade de selecionar excertos dos três livros do monoteísmo poderia ter produzido os melhores resultados: bastaria basear-se na proibição deuteronômica de matar transformada em absoluto universal sem nunca tolerar uma única exceção, destacar a teoria evangélica do amor ao próximo proibindo tudo o que contradissesse esse imperativo categórico, apoiar-se em tudo e por tudo na surata corânica segundo a qual matar um homem é suprimir a humanidade inteira, para que subitamente as religiões do Livro fossem recomendáveis, apreciáveis, desejáveis.

Se os rabinos proibissem que se pudesse ser judeu e massacrar, colonizar, deportar populações em nome de sua religião; se os padres condenassem quem quer que suprimisse a vida de seu próximo, se o papa, o primeiro dos cristãos, tomasse sempre o partido das vítimas, dos fracos, dos miseráveis, dos degradados, dos excluídos, dos descendentes do povo humilde dos primeiros fiéis de Cristo; se os califas, os imãs, os aiatolás, os mulás e outros dignitários muçulmanos condenassem às gemônias os furiosos do gládio, os matadores de judeus, os assassinos de cristãos, os empaladores de infiéis; se todos esses representantes de seu Deus único na terra optassem pela paz, pelo amor, pela tolerância: em primeiro lugar ter-se-ia visto e sabido em seguida, e então teria sido possível sustentar as religiões em seu princípio, depois contentar-se em condenar o uso que fazem delas os maus, os maldosos. Em vez de tudo isso, eles praticam o contrário, escolhem o pior e, salvo raríssimas exceções pontuais, singulares e pessoais, apóiam sempre na história os comandantes de guerra, os brutos, os militares, os guerreiros, os violadores, os pilhadores, os criminosos de guerra, os torturadores, os genocidas, os ditadores – salvo os comunistas... –, a escória da humanidade.

Pois o monoteísmo defende a pulsão de morte, gosta da morte, aprecia a morte, deleita-se com a morte, é fascinado por ela. Ele a dá, a distribui amplamente, ameaça com ela, atua: da espada sanguinolenta dos judeus exterminando os cananeus ao uso de aviões de carreira como bombas voadoras em Nova York, passando pela explosão de cargas atômicas em Hiroxima e Nagasaki, tudo se faz em nome de Deus, é abençoado por ele, mas sobretudo abençoado por aqueles que o invocam.

Hoje, o grande rabinato de Jerusalém fustiga o terrorista palestino coberto de explosivos na rua de Jaffa, mas silencia sobre o assassínio dos habitantes de um bairro da Cisjordânia destruído pelos mísseis de Tsahal; o papa insulta a pílula responsabilizada pelo maior dos genocídios de todos os tempos, mas defende ativamente o massacre de centenas de milhares de tútsis pelos hútus católicos de Ruanda; as mais altas instâncias do islã mundial denunciam os crimes do colonialismo, da humilhação e da exploração que o mundo ocidental os faz (fez) sofrer, mas regozijam-se com um jihad planetário empreendido sob os auspícios da Al-Qaeda. Fascínios pela morte dos goys, dos incrédulos e dos infiéis – os três por outro lado considerando o ateu seu único inimigo comum!

As indignações monoteístas são seletivas: o espírito de corpo funciona plenamente. Os judeus dispõem de sua Aliança, os cristãos de sua Igreja, os muçulmanos de sua Umma. Esses três tempos escapam à Lei e se beneficiam de uma extraterritorialidade ontológica e metafísica. Entre membros da mesma comunidade, tudo se defende e se justifica. Um judeu – Ariel Sharon – pode (mandar) exterminar um palestino – o pouco defensável xeique Hiacine... –, ele não está ofendendo Javé, pois o assassínio é feito em seu nome; um cristão – Pio XII – tem o direito de justificar um genocida que massacra judeus – Eichmann exfiltrado da Europa graças ao Vaticano –, ele não contraria seu Senhor, pois o genocídio vinga o deicídio atribuído ao povo judeu; um muçulmano – o mulá Omar – pode (mandar) enforcar mulheres acusadas de adultério, está agradando a Alá, pois o patíbulo é erigido em seu Nome... Por trás de todas essas abominações, versículos da Torah, passagens dos Evangelhos, suratas do Corão que legitimam, justificam e abençoam...

Ao produzir efeitos públicos e políticos, a religião aumenta consideravelmente seu poder de destruição. Quando se toma por base um excerto deste ou daquele dos três livros para explicar a legitimidade e o fundamento do crime perpetrado, este se torna inatacável: é possível ir contra a palavra revelada, o dito de Deus, a exortação divina? Pois Deus não fala – salvo ao povo judeu e a alguns iluminados aos quais às vezes ele envia um mensageiro, uma virgem, por exemplo –, mas o clero o faz falar abundantemente. Quando um homem de Igreja se exprime, quando cita trechos de seu livro, opor-se a ele equivale a dizer não a Deus em pessoa. Quem dispõe de força moral e de convicção para recusar a palavra (de um homem) de Deus? Toda teocracia torna impossível a democracia. Melhor: uma suspeita de teocracia impede a própria existência da democracia.

2
A invenção judaica da guerra santa

A todo Senhor toda honra. Os judeus inventam o monoteísmo, inventam tudo o que combina com ele. O direito divino e seu correlato obrigatório: o povo eleito exaltado, os outros povos rebaixados, lógica coerente; mas também, e sobretudo, a força divina necessária ao apoio desse direito vindo do Céu:

pois o braço armado permite sua eficácia na terra. Deus diz, ele fala, seus profetas, os messias e seus enviados diversos traduzem seu discurso, caso contrário bastante inaudível. O clero transforma tudo isso em palavras de ordem defendidas por tropas arreadas, encouraçadas, determinadas, armadas até os dentes. Daí a trifuncionalidade fundadora de civilizações: o Príncipe representante de Deus na terra, o Padre fornecedor de conceitos do Príncipe e o Soldado força bruta do padre. O Povo pagando *sempre* os custos da perfídia teocrática.

Os judeus inventam a dimensão temporal do espiritual monoteísta. Bem antes deles, o Padre age de concerto com o Rei, a parceria é primitiva, pré-histórica, antediluviana. Mas o Povo Eleito assume essa lógica hábil e muito prática: a Terra deve ser organizada como no Céu. No terreno da história devem-se reproduzir os esquemas teológicos. A imanência deve demarcar as regras da transcendência. A Torah conta as coisas sem rodeios.

No monte Sinai, Deus dirige-se a Moisés. O povo judeu, na época, está frágil, ameaçado de deixar de existir por causa das guerras com as populações das cercanias. É necessário o apoio de Deus para enfrentar a seqüência com serenidade. Um Deus único, belicoso, militar, impiedoso, que dirija o combate sem trégua, capaz de exterminar os inimigos sem sentimentalismo, que inflame suas tropas, eis Javé cujo modelo – como Maomé – está ligado ao do chefe guerreiro tribal que obtém patente cósmica.

Deus promete a seu povo – eleito, escolhido, destacado entre todos os outros, extraído do vulgo, seu "bem particular" (Ex XIX, 5) – um território como "propriedade perpétua" (Gn XVII, 8). Esse território é habitado por gente modesta? Nele um povo cultiva os campos? A terra nutre velhos e crianças? Homens em idade madura criam rebanhos de animais? Mulheres põem bebês no mundo? Adolescentes são educados? Fazem-se preces a deuses? Pouco importam esses cananeus, Deus decidiu seu extermínio: "eu os exterminarei", diz ele (Ex XXIII, 23).

Para conquistar a Palestina, Deus utiliza os grandes meios. Em termos polemológicos contemporâneos, digamos que ele inventa a guerra total. Abre o mar em dois – já que é preciso... –, afoga um exército inteiro – sem meias medidas! –, detém o sol para que os hebreus tenham tempo de exterminar seus inimigos amoreus, (Js X, 12-14) – amor ao próximo, quando você nos toma... –, faz chover pedras e rãs – um pouco de fantasia –, ordena um exército de mosquitos e mutucas – nada de pequenas economias –, transforma a água em sangue – toque de poesia e cor –, desencadeia a peste, úlceras, pústulas – já a guerra bacteriológica... –, ao que acrescenta o que a soldadesca pratica desde sempre: o assassínio de tudo o que é vivo, mulheres, velhos, crianças, animais (Ex XII, 12). A devastação, o incêndio, o extermínio das populações, como se vê, não são invenção recente.

Javé abençoa a guerra e os que a fazem; santifica o combate, dirige-o, comanda-o, não em pessoa, certamente – um ectoplasma tem dificuldade para segurar uma espada –, mas inspirando seu povo; justifica os crimes, as mortes, os assassínios, legitima a destruição dos inocentes – matar os animais como homens e os homens como animais! Humano enquanto não se trata de cananeus, ele pode propor que se evite o combate e oferecer em seu lugar a escravidão, sinal de bondade e amor. Aos palestinos, promete a destruição total – a *guerra santa* segundo a expressão aterradora e hipermoderna do livro de Josué (VI, 21).

Depois de dois mil e cinco anos, nenhum responsável provindo do povo eleito decidiu que essas páginas pertençam à esfera das fábulas, das lorotas e das ficções históricas altamente perigosas, pois criminosas. Muito pelo contrário. Em todo o planeta há um número considerável de pessoas que vivem, pensam, agem, concebem o mundo a partir desses textos que exortam à carnificina generalizada sem nunca terem sido proibidos de publicação por apelo ao assassínio, racismo e outras incitações às vias de fato. Nos yeshivás, trabalha-se pela perpetuação desses trechos dos quais não se muda uma vírgula, assim como não se toca num fio de cabelo de Javé. A Torah apresenta a primeira versão ocidental das numerosas artes da guerra publicadas no decorrer dos séculos...

3
Deus, César & Cia.

Os cristãos não ficam atrás para envolver Deus em seus crimes. Não há povo eleito nem justificativa para exterminar um povo incômodo para o destino de melhor da classe entre os defensores de Cristo, mas um apelo à palavra de Deus para caucionar as ações muito temporais de uma religião em princípio muito espiritual. Do Jesus humilhado às humilhações praticadas em seu nome, a conversão é rápida, fácil e a mania é duradoura entre os cristãos.

Mais uma vez os excertos mostram sua utilidade – invocar João, por exemplo, para o seguinte: "meu reino não é deste mundo" (XVIII, 36); mas remeter a Mateus para o inverso: "Dai a César o que é de César, a Deus o que é de Deus" (XXII, 21). Ora a primazia do espiritual e o desinteresse claro pelos assuntos terrenos; ora a separação dos poderes, certamente, mas promulgando um legalismo de fato, pois dar a César justifica o pagamento do imposto ao exército de ocupação, o consentimento na adesão aos exércitos e a submissão às leis do Império.

A aparente antinomia se resolve quando se esclarece tudo isso com Paulo de Tarso. Pois o cristianismo se distancia do judaísmo tornando-se paulinismo. E as epístolas aos diferentes povos visitados pelo Tarsiota fornecem a doutrina da Igreja em matéria de relações entre espiritual e temporal. Paulo acredita que o reino de Jesus será deste mundo: ele o quer realizável e contribui para sua encarnação aqui e agora, daí suas viagens de Jerusalém a Antióquia, de Tessalônica a Atenas, de Corinto a Éfeso. O convertido não se contenta com uma terra prometida roubada dos cananeus, quer todo o planeta sob o signo de um Cristo de espada.

A epístola aos romanos o mostra nitidamente: "Não há poder que não o de Deus" (XIII, 1). Isso quanto à teoria. Segue-se na prática um elogio da submissão às autoridades romanas. Com base no princípio de que os detentores da força são antes de tudo ministros de Deus, Paulo fecha com eficácia: desobedecer a um militar, recusar um magistrado, resistir a um delegado de polícia, levantar-se contra um procurador – Pôncio Pilatos, por exemplo... – são ultrajes a Deus. Vamos reescrever, então, as palavras de Cristo à moda paulina: dai a César o que é de César e a César o que é de Deus – para saldar todas as contas...

Munidos desse viático ontológico, os cristãos logo começam a vender sua alma – que passa a ser inútil para praticar os evangelhos – ao poder temporal; instalam-se nas douraduras e na púrpura dos palácios; revestem suas igrejas de mármore e ouro; abençoam os exércitos; santificam as guerras expansionistas, as conquistas militares, as operações policiais; recolhem imposto; mandam a tropa contra os pobres que recriminam; acendem fogueiras – e isso desde Constantino, no século IV de sua era.

A história comprova: milhões de mortos, milhões, em todos os continentes, durante séculos, em nome de Deus, com a Bíblia em uma mão, o gládio na outra; a Inquisição, a tortura, o suplício; as Cruzadas, os massacres, as pilhagens, as violações, os enforcamentos, os extermínios; o tráfico de negros, a humilhação, a exploração, a servidão, o comércio de homens, de mulheres e de crianças; os genocídios, os etnocídios dos conquistadores muito cristãos, certamente, mas também, recentemente, do clero ruandês ao lado dos exterminadores hútus; a parceria com *todos* os fascismos do século XX – Mussolini, Pétain, Franco, Hitler, Pinochet, Salazar, os coronéis da Grécia, os ditadores da América do Sul, etc. Milhões de mortos pelo amor ao próximo.

4
O anti-semitismo cristão

Para um cristão é difícil amar o próximo, sobretudo quando é judeu... Saul que se tornou Paulo empenha todo o seu ardor em desfazer o judaísmo – o mesmo ardor que ele tinha, antes do caminho de Damasco, ao perseguir os cristãos, dar uma mãozinha para espancá-los, até para fazê-los encontrar o além mais rapidamente. Para vender a seita à qual aderiu recentemente, ele deve fazer passar a idéia de que Jesus é o Messias anunciado pelo Velho Testamento e de que Cristo abole o judaísmo cumprindo-o. Como os defensores de Javé não acreditam na lorota do Filho de Deus morto na cruz pela salvação da humanidade, tornam-se fundamentalmente adversários e, depois, logo inimigos.

O Judeu errante, diz-se, sofreu essa maldição depois que o primeiro deles se recusou a dar de beber a Cristo a caminho do Gólgota. Por não ter ajudado o Crucificado, a maldição o atinge, Jesus não foi muito caridoso, e também e sobretudo a todos os seus, seus descendentes, seu povo. Tanto que a versão cristã da morte de Jesus supõe a responsabilidade dos judeus – não dos romanos... Pôncio Pilatos? Nem responsável, nem culpado. Paulo o afirma falando dos judeus que "mataram Jesus o senhor" (1 Ts II, 15). Os evangelhos estão repletos de passagens abertamente anti-semitas – Goldhagen destaca um número considerável: cerca de quarenta em Marcos, oitenta em Mateus, cento e trinta em João, cento e quarenta nos Atos dos apóstolos... O próprio Jesus, o doce Jesus, ensina que os judeus têm "o diabo como pai" (Jo VIII, 44). Difícil amar o próximo nessas condições.

Dos primeiros cristãos que transformam os judeus em povo deicida ao reconhecimento tardio do Estado de Israel por João Paulo II no final de 1993, passando pela longa história de amor da Igreja católica, apostólica e romana com tudo o que há de anti-semitismo na história, inclusive, e sobretudo, os doze anos do nacional-socialismo alemão, não há o que duvidar. O auge desse ódio reside na colaboração ativa do Vaticano com o nazismo. Depois, coisa menos conhecida, do nazismo com o Vaticano. Pois Pio XII e Hitler compartilham um certo número de pontos de vista, especialmente a aversão pelos judeus em todas as suas formas.

5
O Vaticano ama Adolf Hitler

O casamento por amor entre a Igreja católica e o nazismo não deixa nenhuma dúvida: os exemplos são abundantes e nada insignificantes. A cumplicidade não se estabelece com silêncios aprovadores, não-ditos explícitos ou avaliações feitas a partir de hipóteses partidárias. Os fatos comprovam para quem aborda essa questão abordando a história: não foi um casamento pela razão, comandado pelo interesse da sobrevivência da Igreja, mas uma paixão comum e partilhada por terem os mesmos inimigos irredutíveis, os judeus e os comunistas – assimilados quase sempre no mesmo balaio conceitual do judeo-bolchevismo.

Do nascimento do nacional-socialismo à exfiltração dos criminosos de guerra do Terceiro Reich depois da queda do regime, ao silêncio da Igreja sobre essas questões desde sempre, e mesmo hoje – até a impossibilidade de consultar os arquivos sobre o tema no Vaticano –, o domínio de são Pedro, herdeiro de Cristo, foi também o de Adolf Hitler e dos seus, nazistas, fascistas franceses, colaboracionistas, vichystas, milicianos e outros criminosos de guerra.

Os fatos, então: a Igreja católica aprova o rearmamento da Alemanha, contrariando o tratado de Versalhes, certamente, mas também uma parte dos ensinamentos de Jesus, especialmente os que celebram a paz, a doçura, o amor ao próximo; a Igreja católica assina um acordo com Hitler desde a chegada do chanceler ao caso, em 1933; a Igreja católica silencia sobre o boicote aos comerciantes judeus, cala-se quando da proclamação das leis raciais em Nuremberg em 1935, mantém-se em silêncio por ocasião da Noite dos cristais em 1938; a Igreja católica fornece seu fichário de arquivos genealógicos aos nazistas, que sabem assim quem é cristão, portanto não-judeu; a Igreja católica alega em contrapartida o "segredo pastoral" para não comunicar o nome dos judeus convertidos à religião de Cristo ou casados com um ou uma deles; a Igreja católica sustenta, defende, apóia o regime oustachi prónazista de Ante Palevic na Croácia; a Igreja católica dá sua absolvição ao regime colaboracionista de Vichy em 1940; a Igreja católica, embora sabendo da política de extermínio instaurada desde 1942, não a condena, nem privadamente nem publicamente, e nunca ordena a nenhum padre ou bispo que ataque o regime criminoso diante dos fiéis.

Os exércitos aliados libertam a Europa, chegam a Berchtesgaden, descobrem Auschwitz. O que faz o Vaticano? Continua apoiando o regime desfeito: a Igreja católica, por intermédio da pessoa do cardeal Bertram, ordena uma missa de Réquiem em memória de Adolf Hitler; a Igreja católica silencia e não manifesta nenhuma reprovação por ocasião da descoberta das valas comuns, das câmaras de gás e dos campos de extermínio; a Igreja católica, em vez disso, faz para os nazistas sem Führer o que nunca fez por nenhum judeu ou vítima do nacional-socialismo: organiza um trâmite de exfiltração dos criminosos de guerra para fora da Europa; a Igreja católica utiliza o Vaticano, expede documentos carimbados com seus vistos, ativa uma rede de mosteiros europeus como esconderijos para garantir a segurança dos dignitários do Reich desmantelado; a Igreja católica nomeia em sua hierarquia pessoas que ocuparam funções importantes no regime hitleriano; a Igreja católica nunca se arrependerá de nada – uma vez que oficialmente ela não reconhece nada disso.

Se arrependimento houver algum dia, será preciso provavelmente esperar quatro séculos, tempo que foi necessário para que um papa reconhecesse o erro da Igreja quanto ao caso Galileu... Tanto que o dogma da infalibilidade papal proclamado no primeiro concílio do Vaticano em 1869-1870 – *Pastor Aeternus* – proíbe o questionamento da Igreja uma vez que o soberano pontífice, quando se exprime, quando toma uma decisão, não o faz como homem suscetível de se enganar, mas como representante de Deus na terra, constantemente inspirado pelo Espírito santo – a tal *graça de assistência*. Deve-se concluir então por um Espírito Santo fundamentalmente nazista?

Enquanto a Igreja permanece em silêncio sobre a questão nazista durante e após a guerra, ela não deixa de tomar iniciativas contra os comunistas. Em matéria de marxismo, o Vaticano dá provas de um engajamento, de um militantismo, de um vigor que seria bom ter conhecido de sua parte para combater e desconsiderar o Reich nazista. Fiel à tradição da Igreja que, por graça de Pio IX e Pio X, condena os direitos do homem como contrários aos ensinamentos da Igreja, Pio XII, o tal papa amigo do nacional-socialismo, excomunga em massa os comunistas do mundo todo em 1949. Afirma o conluio dos judeus e do bolchevismo como uma das razões de sua decisão.

Um lembrete: nenhum nacional-socialista importante, nenhum nazista de alto escalão ou que fizesse parte do Estado-maior do Reich foi excomungado, nenhum grupo foi excluído da Igreja por ter ensinado e praticado o racismo, o anti-semitismo, ou por ter feito funcionar câmaras de gás. Adolf Hitler não foi excomungado, seu livro *Minha luta* nunca foi colocado no Índex. Lembremos que depois de 1924, data de publicação desse livro, o tal *Index Librorum Prohibitorum* acrescentou à sua lista – ao lado de Pierre Larousse, culpado pelo *Grand Dictionnaire universel* [Grande dicionário universal] (!) – Henri Bergson, André Gide, Simone de Beauvoir e Jean-Paul Sartre. Adolf Hitler nunca figurou nela.

6
Hitler ama o Vaticano

Um lugar-comum, que não resiste à mínima análise, menos ainda à leitura dos textos, considera Adolf Hitler um ateu pagão fascinado pelos cultos nórdicos, aficionado por um Wagner de cabo a rabo, por Walhalla e pelas Valquírias de peitos opulentos, um anticristo, a exata antinomia do cristianismo. Além da dificuldade de ser ateu e pagão – negar a existência de Deus ou dos deuses, depois, ao mesmo tempo, acreditar neles... –, é preciso ignorar todas as passagens da obra escrita – *Minha luta* –, da obra política – ausência no Reich de perseguições à Igreja católica, apostólica e romana, ao contrário das testemunhas-de-jeová, por exemplo –, das confidências particulares do Führer – as conversas publicadas com Albert Speer –, em que Adolf Hitler diz sem ambigüidade e de maneira constante tudo o que pensa de bom do cristianismo.

É decisão de um Führer ateu mandar inscrever no cinturão dos combatentes das tropas do Reich: *Gott mit uns*? Sabe-se que essa frase procede das escrituras? Especialmente do Deuteronômio, um dos livros da Torah, no qual se pode ler explicitamente: "Deus marcha conosco" (Dt XX, 4), frase extraída dos discursos que Javé dirige aos judeus que partem para combater seus inimigos, os egípcios, aos quais Deus promete um extermínio total (Dt XX, 13).

É decisão de um Führer ateu obrigar todas as crianças da escola pública alemã a começar o dia no Reich nacional-socialista pela recitação de uma prece a Jesus? Não a Deus, o que poderia fazer de Hitler um deísta, mas a Jesus, o que o define explicitamente como cristão. O mesmo Führer pretensamente ateu pede a Goering e a Goebbels, na presença de Albert Speer que relata a conversa, que permaneçam no seio da Igreja católica como ele o fará até seu último dia.

7
As compatibilidades cristianismo-nazismo

As relações de bom entendimento entre Hitler e Pio XII existem bem além de uma cumplicidade pessoal. As duas doutrinas compartilham vários pontos de convergência. A infalibilidade do papa que, lembremos, é também chefe de Estado não pode desagradar a um Führer por sua vez persuadido também da sua. A possibilidade de construir um Império, uma Civilização, uma Cultura com um guia supremo investido de todos os poderes – como Constantino e um certo número de imperadores cristãos a seguir –, isso fascina Adolf Hitler quando escreve seu livro. A erradicação de tudo o que pertence ao paganismo pelos cristãos? As destruições de altares e templos? As queimas de livros – Paulo exorta a isso, lembremos...? As perseguições de opositores à nova fé? Coisas excelentes, Hitler conclui.

O Führer aprecia o devir teocrático do cristianismo: a "intolerância fanática" que cria a "fé apodíctica" – segundo suas próprias palavras; a capacidade da Igreja de não renunciar a nada, mesmo e sobretudo diante da ciência quando esta contradiz algumas de suas posições e ataca alguns de seus dogmas; a plasticidade da Igreja para a qual ele prevê um futuro bem além do que se pode imaginar; a permanência da instituição venerável, apesar de um ou outro comportamento deplorável de pessoas da Igreja que não obstrui o movimento geral. Por tudo isso, Adolf Hitler convida a "aprender lições da Igreja católica".

Qual é o "verdadeiro cristianismo" de que Hitler fala em *Mein Kampf*? O do "grande fundador da nova doutrina", Jesus, o mesmo para quem as crianças rezam nas escolas do Reich. Mas que Jesus? Não o da outra face, não, mas o colérico que expulsa a chicotadas os mercadores do Templo. Hitler faz referência explicitamente a essa passagem de João em sua demonstração. E depois, para lembrar, esse açoite crístico serve para desalojar infiéis, não-cristãos, gente que faz comércio e tem agências de câmbio, enfim, judeus, palavra-chave dessa cumplicidade do Reich e do Vaticano. O evangelho de João (II, 14) não proíbe a leitura filo-cristã e anti-semita de Hitler, ou melhor: torna-a possível... Ainda mais quando se convocam as passagens que consagram os judeus à geena e de que o Novo Testamento está repleto. Os judeus, povo deicida, eis a chave dessa parceria funesta: eles se servem da religião para negociar, diz ele; são os adversários de toda a humanidade, acrescenta; criam o bolchevismo, esclarece. Cada um que tire suas conclusões. Ele, Hitler, dá sua palavra final: "as idéias e as instituições religiosas de seu povo devem permanecer invioláveis para o chefe político". As câmaras de gás podem portanto acender-se na fogueira de são João.

8
Guerras, fascismos e outras paixões

A parceria do cristianismo com o nazismo não é acidente da história, um erro de percurso lamentável e isolado, mas o cumprimento de uma lógica de dois mil anos de idade. Desde Paulo de Tarso que justifica o gládio e a espada para impor a seita confidencial como uma religião que contamina o Império, certamente, mas também todo o planeta, até a justificação da dissuasão nuclear pelo Vaticano do século XX, a linha persiste. Não matarás... a não ser de tempos em tempos – quando a Igreja mandar.

Agostinho, santo de profissão, empenha todo o seu talento para justificar o pior na Igreja: a escravidão, a guerra, a pena de morte, etc. Bem-aventurados os doces? Felizes os pacíficos? Tal como Hitler, Agostinho não gosta desse lado do cristianismo, muito mole, não suficientemente viril, muito pouco guerreiro, ao qual falta sangue derramado – a face feminina da religião. Ele dá à Igreja os conceitos que lhe faltam para justificar as expedições punitivas, os massacres. Os judeus agem assim por sua terra, numa geografia limitada, os cristãos inspiram-se neles no globo todo, pois a conversão do mundo é seu objetivo. O povo eleito gera catástrofes *primeiro* locais; a cristandade universal cria *de fato* violências universais. Com ela, a totalidade dos continentes torna-se o campo de batalha.

Santificado pela Igreja, o bispo de Hipona justifica numa carta (185) a *perseguição justa*. Fórmula seleta! Ele a opõe à *perseguição injusta*. O que distingue o bom do mau cadáver? O esfolado defensável do esfolado proibido? Toda perseguição que vem da Igreja é justa, pois é feita por amor; a que tem a Igreja como alvo é indefensável, pois é inspirada pela crueldade... Apreciemos a retórica e o talento sofista de Agostinho cujo Jesus deve também manejar o açoite e não o receber da soldadesca romana.

Daí a noção de *guerra justa*, também ela teorizada pelo mesmo Padre da Igreja, que decididamente nunca se deixa deter por uma brutalidade, um vício ou uma perversão. Herdeiro da velha fábula pagã, grega no caso, o cristianismo recicla o ordálio: numa guerra, o vencedor é designado por Deus, o vencido também, portanto. Definindo no conflito os ganhadores e perdedores, Deus diz o verdadeiro e o falso, o bem e o mal, o legítimo e o ilegítimo. Pensamento mágico, pelo menos...

9
Jesus em Hiroxima

Jesus e seu açoite, Paulo e sua teoria do poder proveniente de Deus, Agostinho e sua guerra justa constituem um Pai, um Filho, um Espírito Santo de choque capazes de justificar todas as empreitadas realizadas em nome de Deus há dois milênios: as Cruzadas contra os sarracenos, a Inquisição contra os supostos hereges, as guerras ditas santas contra os infiéis – ah, são Bernardo de Clairvaux escrevendo numa carta (363): "A melhor solução é matá-los", ou ainda: "a morte do pagão é uma glória para o cristão"... –, as conquistas etnocidas muito cristãs dos povos ditos primitivos, as guerras coloniais para evangelizar todos os continentes, os fascismos do século XX, inclusive, portanto, o nazismo, todos furiosamente desencadeados contra os judeus.

Não é de espantar, então, que em matéria de guerra pós-moderna o cristianismo oficial escolha a dissuasão nuclear, a defenda e a desculpe. João Paulo II aceita seu princípio em 11 de junho de 1982 utilizando um paralogismo extraordinário: a bomba atômica permite caminhar para a paz! O episcopado francês segue o passo e dá suas razões: trata-se de lutar contra "o caráter dominador e agressivo da ideologia marxista-leninista". Minha nossa! Que legibilidade na decisão, que clareza nas posições! Como teríamos apreciado uma condenação tão nítida e franca do nazismo durante seus doze anos de poder. Teríamos até nos contentado com semelhante asserção moral *depois* da libertação dos campos...

Quando cai o muro de Berlim e a ameaça bolchevique parece afinal de menor atualidade, a Igreja católica mantém sua posição. No último *Catecismo*, o Vaticano invoca "sérias reservas morais" (artigo 2315) – apreciemos a lítotes... – mas não condena de modo nenhum. No mesmo opus, rubrica "não cometerás assassínio" – vivam a lógica e a coerência! –, os mesmos defendem e justificam a pena de morte (artigo 2266). Não é de espantar que no índex não se encontre nenhuma entrada Pena de morte, Pena capital, Punição. Em contrapartida, Eutanásia, Aborto, Suicídio, questões abordadas no mesmo capítulo, dispõem de uma referência digna desse nome.

Logicamente, portanto, a tripulação do *Enola Gay* parte com uma bomba atômica lançada sobre Hiroxima, como se sabe, em 6 de agosto de 1945. A explosão nuclear causa em alguns segundos a morte de mais de cem mil pessoas, mulheres, velhos, crianças, enfermos, inocentes cuja única culpa foi a de serem japoneses. Volta da tripulação à base: o Deus dos cristãos protegeu de fato esses novos cruzados. Esclareçamos que o padre Georges Zabelka teve o cuidado de abençoar a tripulação antes de sua missão funesta! Três dias depois, outra bomba atômica atinge Nagasaki e faz oitenta mil vítimas. O vigário de Deus apareceu muito mais tarde no platô de Larzac onde encontrou Théodore Monod. Na época, ele fazia uma peregrinação a pé rumo a Belém...

10
Amor ao próximo, continuação...

Os textos paulinos, úteis para legitimar a submissão à autoridade de fato, produzem efeitos que vão muito além da legitimação da guerra e da perseguição. Assim, no terreno da escravidão que o cristianismo não proíbe mais que os dois outros monoteísmos. Em seguida, a escravidão limitada aos butins das razias tribais amplia-se ao comércio puro e simples, à venda e à deportação das populações utilizadas como gado e animais de carga.

Honra aos antigos: como são os primeiros no tempo, deve-se a eles a invenção de muitos malefícios, senão sua confirmação ou sua legitimação, entre eles a escravidão. O decálogo não prevê respeito particular ao próximo quando ele não é o semelhante, marcado na carne pela faca do rabino. O não-judeu não dispõe dos mesmos direitos que o membro da

Aliança. De modo que, fora do Livro, o Outro pode ser abordado como uma coisa, tratado como um objeto: o goy para o judeu, o politeísta, o animista para o cristão, o judeu, o cristão para o muçulmano, o ateu para todos, é claro.

O Gênese (IX, 25-27) defende a escravidão. Prontamente introduz-se o assunto na Torah... Compram-se seres humanos, eles fazem parte da casa, habitam sob o mesmo teto que judeus, são circuncidados, no entanto continuam sendo escravos. A maldição de Noé, completamente bêbado que, ao se desembriagar, fica sabendo que seu filho o surpreendeu nu durante o sono, estende-se a todo um povo – Canaã, mais uma vez... – destinado à escravidão. Em outros locais, inúmeras passagens codificam a prática.

O Levítico, por exemplo, tem o cuidado de definir que um judeu evitará utilizar um dos seus como escravo (XXV, 39-55). Um contrato de aluguel, sim, que se encerra depois de seis anos e permite ao judeu doméstico recuperar a liberdade. Em contrapartida, um não-judeu pode permanecer na condição de servidão até a morte. O povo da Aliança foi escravo dos egípcios, depois retirado dessa condição por Javé que, então, faz dos judeus um povo livre, que pode submeter mas não tem que se submeter a outro poder que não o de Deus. Os direitos do povo eleito...

Não há mudanças com o cristianismo que, também ele, justifica a escravidão. Lembre-se, todo o poder vem de Deus, tudo procede de sua vontade. Alguém está em servidão? Os caminhos do Senhor são impenetráveis, mas há uma razão que justifica o fato: o pecado original, de modo absoluto, mas igualmente uma responsabilidade pessoal. Agostinho, sempre ele, quer que o escravo sirva com um zelo que rejubile a Deus! Todo escravo o é para seu bem, ele o ignora, mas o plano de Deus não pode evitar que seja diferente: esse menor ontológico tem necessidade de se ver na posição de servidão para existir dignamente...

E depois, sofismo último, como os homens são iguais aos olhos de Deus, pouco importa que na terra haja diferenças, no fim das contas acessórias: homem ou mulher? escravo ou proprietário? rico ou pobre? Pouco importa, diz a Igreja – tomando posição sistematicamente na história pelos homens, ricos e proprietários... Cada um é o que Deus quis. Rebelar-se contra o estado de fato contraria o desígnio divino, insulta Deus. O bom escravo que desempenha seu papel de escravo – como o garçom de café sartriano – ganha seu paraíso (fictício) com sua submissão (real) na terra. *A Cidade de Deus* (19, 21), eis verdadeiramente um grande livro!

De fato, o cristianismo não se priva: já no século VI o papa Gregório I impede o sacerdócio aos escravos! Antes dele, Constantino proíbe aos judeus tê-los em sua casa. Na Idade Média milhares deles trabalham para os domínios agrícolas do soberano pontífice. Os grandes mosteiros os empregam sem constrangimento. No século VIII, o de Saint-Germain des Prés, por exemplo, utiliza não menos de oito mil.

Herdeiros nisso como no mais, os muçulmanos praticam a escravidão e o Corão não o proíbe. Muito pelo contrário, uma vez que ele legitima as razias, as capturas de guerra, os butins em ouro, prata, mulheres, animais, homens. Deve-se além disso ao islã a invenção do comércio de escravos. No ano mil, o tráfico regular existe entre o Quênia e a China. O direito muçulmano proíbe a venda de muçulmanos, mas não a de outros crentes. Nove séculos antes do tráfico transatlântico, o tráfico transaariano inicia um mercado abominável. Estima-se que dois milhões de homens tenham sido deportados ao longo de mil e duzentos anos pelos fiéis de Alá o Misericordioso, o Grandiosíssimo, o Humaníssimo.

Uma observação: os três monoteísmos reprovam essencialmente a escravidão, pois judeus e muçulmanos a proíbem para os membros de sua própria comunidade e os cristãos, que detestam os judeus, proíbem-nos de dispor de criados domésticos escravos, depois não permitem que um deles entre nas ordens para servir à palavra de seu Deus. Para seus inimigos, a Torah, o Novo Testamento e o Corão justificam a escravidão, como marca de infâmia, portanto uma humilhação, um destino que cabe ao sub-homem que é sempre o reprovado que não reza ao mesmo Deus que eles.

11
Colonialismo, genocídio, etnocídio

Seqüência lógica da legitimação da escravidão, o colonialismo, a exportação de sua religião para os quatro cantos do mundo e, para fazê-lo, o uso da força, da coerção física, mental, espiritual, psíquica e, é claro, armada. Exportar a servidão, estendê-la a todos os continentes foi feito do cristianismo, depois do islã. O povo judeu, por sua vez, desejou estabelecer sua dominação *apenas* sobre um território, seu território, sem jamais visar outra coisa. O sionismo não é um expansionismo nem um internacionalismo, pelo contrário: o sonho realizado de Theodor Herzl supõe um nacionalismo, um movimento centrífugo, o desejo de uma sociedade fechada por si – e não o desejo de um império sobre o planeta todo, desejo de cristandade e de islã.

A Igreja católica, apostólica e romana é exímia na destruição de civilizações. Ela inventa o etnocídio. 1492 não marca apenas a descoberta do Novo Mundo, mas também a destruição de outros mundos. A Europa cristã devasta assim um número considerável de civilizações indo-americanas. O soldado desembarca das naus, acompanhado da escória da sociedade embarcada nas caravelas: condenados pela justiça, malfeitores, matadores de aluguel, mercenários.

Seguem-se, a boa distância, depois de realizadas as limpezas étnicas consecutivas ao desembarque, os padres com procissões, crucifixos, cibórios, hóstias e altares portáteis muito úteis para pregar o amor ao próximo, o perdão dos pecados, a doçura das virtudes evangélicas e outros júbilos bíblicos – o pecado original, o ódio às mulheres, ao corpo e à sexualidade, a culpa. Enquanto isso, a cristandade oferece como presente de boas-vindas a sífilis e outras doenças transmitidas aos povos ditos selvagens.

A parceria da Igreja e do nazismo visava também o extermínio de um povo transformado para as necessidades da causa em povo deicida. Seis milhões de mortos. A isso devemse acrescentar a cumplicidade na deportação e o assassínio de ciganos, de homossexuais, de comunistas, de franco-maçons, de gente de esquerda, de laicos, de testemunhas-de-jeová, de resistentes antifascistas, de opositores ao nacional-socialismo, e outras pessoas culpadas de não serem muito cristãs...

O tropismo dos cristãos pelos extermínios em massa é antigo e perdura. Assim, recentemente o genocídio dos tútsis pelos hútus em Ruanda, apoiado, defendido, coberto pela instituição católica local e pelo próprio soberano pontífice, muito mais pronto a se manifestar para que criminosos de guerra genocidas padres, religiosos ou engajados na comunidade católica escapem ao pelotão de execução do que a oferecer uma única palavra de compaixão à comunidade tútsi.

Pois em Ruanda, país de grande maioria cristã, a Igreja praticou *antes* do genocídio a discriminação racial para o ingresso no seminário, a formação, a ordenação ou o avanço na hierarquia eclesiástica. *Durante* o genocídio, alguns membros do clero participaram ativamente: compra e encaminhamento de machetes por membros da instituição católica, localização de vítimas, participação ativa em atos de barbárie – encerramento numa igreja, incêndio desta, eliminação de vestígios com buldôzer –, denúncia, mobilização por ocasião das pregações, divulgação do discurso racial.

Depois dos massacres, a Igreja católica persiste: utilização dos conventos para ocultar da justiça alguns culpados cristãos, ativação dessas redes para permitir a partida de determinados criminosos para os países europeus, fornecimento de passagens de avião para a Europa graças a uma associação humanitária cristã – *Caritas internationalis*, caridade bem organizada, etc. –, reciclagem dos padres culpados em paróquias de interior belgas e francesas, cobertura de bispos implicados, recurso a posições negacionistas – há uma recusa em utilizar o termo genocídio, preferindo-se falar em guerra fratricida, etc.

Em silêncio sobre os preparativos, em silêncio durante os massacres – perto de um milhão de mortos em três meses (entre abril e junho de 1994...) –, em silêncio depois da descoberta da dimensão do desastre – efetuado com a bênção de François Mitterrand –, João Paulo II sai de seu mutismo para escrever uma carta ao presidente da república de Ruanda em 23 de abril de 1998. Seu conteúdo? Ele deplora? Tem compaixão? Arrependimento? Lamenta? Responsabiliza seu clero? Retira-lhe sua solidariedade? Não, de modo nenhum: pede que se adie a pena de morte dos genocidas hútus. Nunca teve uma palavra em favor das vítimas.

12
Recalcamentos e pulsões de morte

O fascínio dos três monoteísmos pela pulsão de morte se explica: como é possível evitar o domínio da pulsão de morte depois de ter matado a tal ponto tudo o que provém em si mesmo e em toda parte da pulsão de vida? O medo da morte, o temor do nada, a sideração diante do vazio que segue o traspasse, geram fábulas consoladoras, ficções que permitem que a negação disponha de plenos poderes. O real não existe, a ficção, em contrapartida, sim. Esse mundo falso que ajuda a viver aqui e agora em nome de um mundo de pacotilha induz a negação, o desprezo ou o ódio deste mundo.

Daí tantas ocasiões de ver esse ódio atuar: com o corpo, os desejos, as paixões, as pulsões, com a carne, as mulheres, o amor, o sexo, com a vida sob todas as formas, com a matéria, com o que aumenta a presença no mundo, ou seja, a razão, a inteligência, os livros, a ciência e a cultura. Esse recalcamento de tudo o que vive induz a celebração de tudo o que morre, do sangue, da guerra, do que mata – dos que matam. Quando se podem escolher nos três livros excertos que permitem creditar à pulsão de vida uma força máxima, a religião quer a pulsão de morte sob todas as formas. O recalcamento do vivo produz o amor à morte. De maneira geral, todo desprezo pelas mulheres – às quais preferem-se as virgens, as mães e as esposas – é acompanhado de um culto à morte...

As civilizações se constituem com a pulsão de morte. O sangue sacrificial, o bode expiatório, a fundação da sociedade com um assassínio ritual, estas são sinistras invariantes sociais. O extermínio judaico dos cananeus, a crucificação cristã do Messias, o jihad muçulmano do Profeta fazem correr o sangue que abençoa e santifica a causa monoteísta. Irrigação primitiva, mágica, degola da vítima propiciatória, no caso homens, mulheres e crianças. O primitivo subsiste no pós-moderno, o animal persiste no homem, a besta permanece no homo sapiens...

III
POR UMA LAICIDADE PÓS-CRISTÃ

1
O gosto muçulmano pelo sangue

Como boa síntese dos dois monoteísmos que o precedem, que ele aclimata ao deserto árabe regido pelo tribal e pelo feudal, o islã assume para si o pior dos mencionados judeus e cristãos: a comunidade eleita, o sentimento de superioridade, o local transformado em global, o particular ampliado ao universal, a submissão de corpo e alma ao ideal ascético, o culto à pulsão de morte, a teocracia classificada sob o extermínio do diferente – escravidão, colonialismo, guerra, razia, guerra total, expedições punitivas, assassínios, etc.

Lembremos que Moisés mata com as próprias mãos um contramestre egípcio. E que Maomé extermina pessoas regularmente nos combates travados a partir de Nakhla (final de 623) – primeira batalha do islã com saldo de mortos – até 8 de junho de 632, data de sua morte. Inventário das guerras, batalhas, razias, ataques, cercos e outros feitos de armas da soldadesca muçulmana: Badr (março de 624) – morte de Abu Jahl, primeiro mártir muçulmano, companheiro do Profeta –, Ohud (março de 625) – Maomé ferido, algumas dezenas de mártires –, Medina-leste (fim de 626, início de 627) – judeus trucidados –, a batalha dita do Fosso (627), a do oásis de Khaybar (maio-junho de 628), a de Muta, etc. O versículo trinta e dois da quinta surata (o que se faz para um se faz para todos, suprimir um homem é exterminar todos) pouco impede o sono do leitor do Corão...

Pois cerca de cento e cinqüenta versículos – dos seis mil duzentos e trinta e cinco do Livro – justificam e legitimam a guerra santa, o *jihad*. É o suficiente para fazer naufragar as duas ou três frases muito inofensivas que exortam à tolerância, ao respeito pelo outro, à magnanimidade ou à recusa da coerção em matéria de religião (!). Em tal oceano de sangue, quem pode ainda se dar ao trabalho de se deter nas duas ou três frases que exortam à humanidade e não à barbárie? Tanto que a biografia do Profeta comprova: nela encontram-se constantemente o assassínio, o crime, a espada e a expedição punitiva. Páginas demais exortam ao anti-semitismo, ao ódio pelos judeus, à sua expoliação e a seu extermínio para que um combatente muçulmano não se creia legitimado a passar os judeus pelo fio da espada.

A comunidade muçulmana pensa como os membros da Aliança: também eles se proclamam o povo eleito, escolhido por Alá, preferido por ele (IX, 19, mas também III, 110). Ora, dois pretendentes ao status de elite significa um a mais! Acreditar que os outros são de raça inferior, que há sub-homens, que Deus estabelece uma hierarquia entre os humanos distinguindo a pequena comunidade designada do restante da humanidade impede que outro pretenda o mesmo status. O ódio dos hebreus pelos cananeus ontem gera o ódio dos palestinos pelos judeus hoje, cada um acreditando-se chamado por Deus a dominar o outro – os outros –, portanto imaginando-se legitimado para extermíná-lo.

Pois o islã recusa *em essência* a igualdade metafísica, ontológica, religiosa, portanto política. O Corão o ensina: no ápice os muçulmanos, abaixo os cristãos, porque também eles gente do Livro, depois, em seguida, os judeus, igualmente parte integrante do grupo, porque monoteístas. Finalmente, depois do muçulmano, do cristão e do judeu, chegam em quarto lugar todas as categorias reunidas na reprovação geral, o grupo dos incréus, infiéis, descrentes, politeístas e, é claro, ateus...

A lei corânica que proíbe matar ou cometer delitos ou massacres contra o próximo refere-se apenas de maneira restrita aos membros da comunidade: a *umma*. Como entre os judeus.

No próprio seio da comunidade muçulmana de pretensamente semelhantes, a hierarquia persiste: os homens dominam as mulheres, os religiosos dominam os crentes, os fiéis piedosos dominam os praticantes pouco fervorosos, os velhos dominam os jovens. Falocracia, teocracia, gerontocracia, o modelo tribal e primitivo das origens não se extingue depois de treze séculos. É *fundamentalmente* incompatível com as sociedades oriundas das Luzes. O muçulmano não é fraternal: irmão do correligionário, sim, mas não dos outros, considerados insignificantes, quantidades desprezíveis ou detestáveis.

2
O local como universal

Como leitores de Carl Schmidt que não são, os muçulmanos dividem o mundo em dois: os amigos, os inimigos. De um lado, os irmãos no islã; do outro, os outros, todos os outros. *Dâr al-islam* contra *dar al-harb*, dois universos irredutíveis, incompatíveis, regidos por relações selvagens e brutais: um predador uma presa, um devorador um devorado, um dominante um dominado. Como na mais comum das selvas, os felinos entre eles, e o resto do território a ser submetido, escravizado e possuído. A lei que regula a relação entre os animais.

Uma visão de mundo não muito distante da visão de Hitler que justifica as lógicas de demarcação, de posse, de gestão e de extensão do território. A raposa e o galinheiro, o falcão e sua presa, o leão e a gazela, os fortes e os fracos, o islã e os outros. Não há direito, não há lei, não há linguagem, não há troca ou comunicação, não há inteligência, não há cérebro, mas músculos, instinto, força, combate, guerra e sangue.

O universal? O local menos os muros – parafraseando Miguel Torga. O tribal do século VII, o feudal do deserto árabe, o clânico primitivo transposto sempre sem mudanças para a civilização do momento, inclusive a nossa, pós-moderna, hiperindustrial e numérica. A aldeia do deserto torna-se o modelo do mundo. O oásis em que nada penetra há séculos, a não ser as caravanas nômades carregadas de bens de primeira necessidade, funciona como arquétipo social, humano, metafísico e político.

Um livro que data dos primeiros anos de 630, hipoteticamente ditado por um guardador de camelos iletrado, decide detalhadamente o cotidiano de bilhões de homens na era da velocidade supersônica, da conquista espacial, da informatização generalizada do planeta, do tempo real e universal das comunicações generalizadas, do seqüenciamento do genoma humano, da energia nuclear, das primeiras horas do pós-humano... A observação vale para os *lubavitch* agarrados ao Torah ou ao Talmud que também compartilham uma ignorância semelhante do tempo que passa.

Como sob a tenda há mil e quinhentos anos, a família constitui o núcleo. Não a comunidade nacional ou patriótica, menos ainda a entidade universal ou cosmopolítica, mas a do chefe de família que possui suas duas, três ou quatro mulheres submissas – pois a poligamia primitiva persiste tanto no Talmud como no Corão (IV, 3) – no meio de inúmeros filhos – uma bênção de Deus, a autoridade procedendo de Alá, é claro, mas pela voz do Pai, do Marido, do Esposo, figuras de Deus sob a cobertura de pêlo de cabra.

Toda ação é vivida sob o olhar da tribo que a julga pelo critério da conformidade às regras corânicas ou muçulmanas. O pai, mas também, numa lógica falocrata total, o irmão mais velho, o irmão e outras variações sobre o tema do masculino. O lugar da religião encarnada, portanto do político e da teocracia, é a célula básica da sociedade; nem Platão – em *A República* –, nem Hegel – em *Os princípios da filosofia do direito* –, nem Mussolini, nem Hitler, nem Pétain e outros fascistas enganam-se a esse respeito: todos sabem que o início da comunidade, a genealogia da coletividade se estabelece no espaço íntimo da família – a tribo primitiva. Leia-se ou releia-se Engels e *A origem da família, da propriedade privada e do Estado* para convencer-se disso...

3
Estrela amarela e tatuagens muçulmanas

Na lógica comunitária que inclui e exclui, sabe-se muito pouco que o sinal distintivo amarelo – às vezes um turbante – a ser levado nas roupas é primeiro a decisão de um califa de Bagdá, no século XI – fala-se habitualmente de idade áurea do islã para caracterizar esse período... – que desejava distinguir o judeu e o cristão por um sinal que rapidamente se tornou infamante.

Os muçulmanos dispõem de um conceito – a "dhimmitude" – para chamar o que apresentam como uma carta de proteção do não-muçulmano em terras do islã, contanto que o sujeito seja, de qualquer modo, da religião do Livro – com exceção do zoroastrismo. Teoricamente, o islã passa por ser uma religião de paz e tolerância. De fato, a dhimmitude supõe um imposto, uma taxa recolhida do judeu, do cristão ou do zoroastriano para permitir-lhe viver em terra do islã. Uma chantagem, portanto, uma extorsão de fundos.

Adquirida essa proteção (!), os dhimmis vêem seus direitos cívicos reduzidos a pouca coisa. Numa sociedade tribal em que o cavalo permite existir, deslocar-se, lutar, mostrar um status social, o não-muçulmano é privado dele: a ele autoriza-se o burro, a mula, a montaria humilhante, a maneira feminina de montar; ele pode andar na rua, mas não lhe é permitido ultrapassar um muçulmano; é claro, o porte de armas é formalmente proibido – ou seja, desarmados, eles ficam à mercê do primeiro bandido que chega. Às vezes até, além do tecido amarelo de sinistra memória, trazem um leão tatuado na mão, como outros um número no antebraço.

Teoricamente, a abolição da dhimmitude data de 1839. De fato, é preciso esperar o final da Primeira Guerra Mundial para que o Império otomano abandone definitivamente essa prática que se tornou impossível obrigar a respeitar... Evidentemente, a tal proteção obtida no papel com essas renúncias e humilhações nem sempre foi oferecida aos crentes não-muçulmanos – longe disso –, que, no entanto, pagavam conscienciosamente o imposto e consentiam em viver como sub-homens.

4
Contra a sociedade fechada

A inscrição do islã numa história que nega a História gera uma sociedade fechada, estática, encerrada em si mesma, fascinada pela imobilidade dos mortos. Como em outros tempos o marxismo pretendia realizar a História abolindo-a, devotava-lhe um culto quase religioso para melhor cumpri-la, a pretensão muçulmana a governar o planeta visa, in fine, uma ordenação fixa, a-histórica, deixando a dinâmica do real e do mundo pela cristalização fora do tempo de um universo pensado e concebido ao modo de além-mundo. Uma sociedade que aplicasse os princípios do Corão resultaria num acampamento nômade universal que ressoaria com alguns tremores básicos, apenas o barulho das esferas que giram no vazio em torno de si mesmas celebrando o nada, a vacuidade e a falta de sentido da História morta.

Toda teocracia que remete ao modelo de um universo de ficção fora do tempo, fora do espaço, visa no tempo de uma história concreta e na geografia de um espaço imanente a reprodução a modo de decalque do arquétipo conceitual. Pois os mapas da cidade dos homens estão arquivados na cidade de Deus. A idéia platônica, tão similar a Deus, sem data de nascimento, sem falecimento previsto, sem imputação de qualquer maneira que seja, nem temporal, nem entrópica, sem falha, perfeita, gera a fábula de uma sociedade fechada, também ela dotada dos atributos do Conceito.

A democracia vive de movimentos, de mudanças, de ajustes contratuais, de tempos fluidos, de dinâmicas permanentes, de jogos dialéticos. Ela se cria, vive, muda, se transforma, se constrói em face de um querer resultante de forças vivas. Recorre ao uso da razão, ao diálogo das partes participantes, ao agir comunicacional, à diplomacia assim como à negociação. A teocracia funciona ao contrário: nasce, vive e usufrui da imobilidade, da morte e do irracional. A teocracia é a inimiga mais temível da democracia, anteontem em Paris antes de 1789, ontem em Teerã em 1978, e hoje cada vez que a Al-Qaeda dá voz à pólvora.

5
Do fascismo muçulmano

O fascismo instiga sempre um punhado de historiadores contemporâneos que nunca entram em acordo sobre uma definição sólida e definitiva. Pétain era fascista? Nacionalista, patriota, dizem alguns, mas Vichy apresenta uma extrema direita francesa nem por isso necessariamente fascista, eles concluem... Debates bizantinos: há inúmeros fascismos no século XX, todos com sua especificidade. Poder-se-iam aliás batizar os cem últimos anos de *século dos fascismos*. Marrom e vermelho na Europa ou na Ásia, cáqui na América do Sul. Mas também verde, esquecemo-nos com freqüência.

Pois a derrubada do xá do Irã em 1978 e a tomada de todos os poderes pelo aiatolá Khomeini algum tempo depois, com cento e oitenta mulás, inauguram um real fascismo muçulmano – ainda instalado um quarto de século mais tarde, com a bênção do Ocidente silencioso e esquecido. Longe de significar a emergência da *espiritualidade política* que falta aos ocidentais, como acredita erradamente Michel Foucault em outubro de 1978, a revolução iraniana faz surgir um fascismo islâmico inaugural na história dessa religião.

Sabe-se que Foucault se enganou seriamente sobre o acontecimento. Não apenas porque afirma no *Corriere della sera* de novembro de 1978: "não haverá partido de Khomeini, não haverá governo Khomeini" – quatro meses depois os fatos mostram cruelmente seu erro –, mas porque identifica o "governo islâmico com a primeira grande insurreição contra os sistemas planetários, a forma mais moderna da revolta" sem pensar nem sequer um segundo na possibilidade de uma governamentalidade inspirada pela charia... O que Foucault sabia de fato sobre o Corão e o islã?

Mais do que qualquer outro, ele que, no momento em que escreve esses artigos para o jornal italiano sobre a revolução iraniana, refletiu sobre o internamento, a loucura, a prisão, o homossexualismo, a insanidade, deveria saber que um governo islâmico ativaria essencialmente tudo o que ele combatia: a discriminação sexual, a prisão dos marginais, a redução das diferenças, a lógica das confissões, o sistema carcerário, o castigo dos corpos, o biopoder generalizado, a sociedade punitiva, etc. Ler o Corão, tomar consciência dos Hadith – as duas fontes da charia – bastava para saber que um governo islâmico, longe de significar a volta do espiritual em política, marcava a entrada do islã na política pós-moderna que, sob o princípio teocrático, inaugurava um fascismo islâmico que escapava ao habilíssimo filósofo da microfísica do poder...

6
Palavras de aiatolá

Os homens políticos que teorizam o poder geralmente deixam obras secas, diretas, que vão ao essencial e reúnem quer seu programa, quer seu balanço. Richelieu e seu *Testamento político*, Lenin assinando *O Estado e a revolução*, o general De Gaulle publicando *O fio da espada*, Mussolini com *A doutrina fascista*, Hitler com o famosíssimo *Minha luta*, etc. Nelas encontramos uma teoria da legitimidade monárquica, um manual de marxismo-leninismo para uso bolchevique, um tratado de polemologia moderna, um manual de fascismo, uma doutrina racial nacional-socialista.

O aiatolá Khomeini deixa depois de sua morte um *Testamento político-espiritual* que teoriza o tal governo islâmico que instigava intelectualmente Michel Foucault no início da revolução iraniana. O dignitário xiita coloca em palavras, de maneira simples e até mesmo sumária, o programa político de uma república islâmica: como, com o Corão e os hadith do Profeta, portanto apoiando-se na charia, é possível governar os espíritos, os corpos e as almas segundo os princípios da religião muçulmana: Breviário de teocracia islâmica – breviário indiscutivelmente fascista.

A teocracia muçulmana – como qualquer outra – supõe o fim da separação entre crença privada e prática pública. O religioso sai do foro íntimo e conquista a totalidade dos domínios da vida social. Não se mantém uma relação direta com

Deus, em si, no registro da intimidade mística, mas uma relação indireta, mediada pela comunidade política e situada no plano da governamentalidade de outrem. Fim do religioso em si, surgimento da religião para outrem.

A religião torna-se então um assunto de Estado. Não de comunidade restrita, de grupo limitado, mas da sociedade inteira. O totalitarismo define essa ampliação do político a toda a esfera humana. O Estado serve a uma idéia – racial, fascista, islâmica, cristã, etc. –, e a família, o trabalho, a alcova, a escola, a caserna, o hospital, o jornal, a edição, a amizade, os lazeres, as leituras, a sexualidade, o tribunal, o estádio, a cultura, etc., rendem-se à ideologia dominante. Daí: família islâmica, trabalho islâmico, alcova islâmica, escola islâmica, e passim.

7
O islã, estruturalmente arcaico

Como legitimar o uso totalitário e imanente do Corão? Pretendendo deter a única leitura legítima do livro santo. Os excertos permitem um islã selecionado à la carte com um amplo espectro. É possível hoje invocar o Profeta e tomar bebida alcoólica, comer carne de porco, recusar o véu, recusar a charia, jogar nos cavalos, gostar de futebol, aderir aos direitos humanos, elogiar as Luzes européias – conforme pretendem os que desejam modernizar a religião muçulmana, viver um islã laico, moderno, republicano, e outras quimeras insustentáveis.

Nessa mesma lógica incoerente, também é possível ser cristão e não crer verdadeiramente em Deus, rir das bulas papais, zombar dos sacramentos, não aceitar os mistérios da eucaristia, abolir os dogmas, descartar todo ensinamento conciliar! A teoria dos excertos permite hoje dedicar um culto unicamente ao significante, esvaziando-o totalmente de seu significado. Então, adoramos uma concha vazia, prosternamo-nos diante do nada – um dos muitos sinais do niilismo de nossa época.

No outro extremo desse espectro, encontra-se o inverso: um respeito escrupuloso pelos ensinamentos corânicos.

Daí a prática da poligamia, os comportamentos misóginos e falocratas no cotidiano, a negação de qualidade existencial a toda pessoa não-muçulmana, a justificação para matar os infiéis – do monoteísta ao ateu –, o respeito zeloso aos rituais e às obrigações do praticante, a condenação de todo uso da razão, etc.

O Corão não permite a religião à la carte. Nada legitima que se descartem com um piparote todas as suratas que atrapalham uma existência confortável, burguesa e integrada na pós-modernidade. Em contrapartida, nada proíbe, tudo autoriza, até, uma leitura escrupulosa a partir da qual se justifiquem todas as exações a que o texto santo convida: ninguém é obrigado a ser muçulmano, mas quando alguém proclama sê-lo deve aderir à teoria, aos ensinamentos e ter uma prática conseqüente. É uma questão de puro e simples princípio de coerência. A teocracia islâmica ilustra o máximo de coerência possível a esse respeito.

Pois o islã é estruturalmente arcaico: ponto por ponto, contradiz tudo o que a filosofia das Luzes obteve a partir do século XVIII na Europa e que supõe a condenação da superstição, a recusa da intolerância, a abolição da censura, a rejeição da tirania, a oposição ao absolutismo político, o fim de toda religião de Estado, a proscrição do pensamento mágico, a ampliação de toda liberdade de pensamento e de expressão, a promulgação da igualdade de direitos, a consideração de que toda lei decorre da imanência contratual, a vontade de uma felicidade social aqui e agora, a aspiração à universalidade do reinado da razão. São todas recusas claramente expressas ao longo das suratas...

8
Temáticas fascistas

O imã é apresentado pelo aiatolá Khomeini como o *Corão ascendente*. Como tal, dispõe das mesmas qualidades que o papa, ou seja, a infalibilidade. Guia espiritual, é também guia político. Como em seu tempo o führer, o duce, o caudilho, o conducator, o timoneiro, o dignitário muçulmano diz a lei: *lógica performativa*. Ele dispõe do monopólio da leitura correta do livro santo, é o único habilitado a selecionar excertos como bem entende, o que justifica uma teocracia integral.

Pois tudo está no Corão. Lê-lo permite encontrar todas as respostas a todas as perguntas possíveis e imagináveis. O dinheiro? O comércio? A lei? A justiça? O direito? A educação? A soberania? As mulheres? O divórcio? A família? O regime certo? A ecologia? A cultura? Nada lhe escapa, tudo está nele. Cada ministério de um governo ocidental pode encontrar matéria para concluir sua ação. O chefe supremo dispõe portanto de uma fonte suprema, o texto santo, sua palavra identifica-se com a lei e o direito. Teoria do homem providencial.

A isso acrescente-se uma *lógica binária* que opõe amigos e inimigos. Não há bairros, não há detalhes, não há fineza. Não é preciso escarafunchar para saber com quem e contra quem se trava a luta. Na lógica da revolução iraniana, os inimigos são os Estados Unidos, Israel, o Ocidente, a modernidade, as superpotências. Nomes múltiplos e declinados de uma mesma entidade: Satã. O diabo, o demônio, o príncipe do Mal. Todo fascismo procede assim designando o inimigo, diabolizado ao máximo a fim de eletrizar as tropas prontas para o combate. Teoria do bode expiatório.

Em seguida, temática comum ao fascismo e ao islamismo, a pretensão a uma *lógica pós-política*. Ou seja? Nem direita, nem esquerda, mas em outra parte, além, acima, no caso. Do lado de Deus. Portanto nada a ver com a esquerda marxista, bolchevique, soviética na época, atéia, materialista, comunista – Khomeini o estende ao comunismo das mulheres! –, nada tampouco com a direita americana, consumista, desfrutadora, corrompida, negocista e capitalista. Os dois sistemas são igualmente rejeitados. Teoria do fim do político.

Portanto, uma *lógica transcendente*: Deus como resolução das contradições. Mesmo assim, essa síntese conserva parcialmente os dois momentos detestados: da esquerda empresta-se um discurso de solidariedade aos mais desprovidos, dirigem-se os propósitos aos miseráveis, manifesta-se verbalmente uma real preocupação populista em acabar definitivamente com a miséria do mundo; do seio da direita, extrai-se o pequeno capitalismo privado e a propriedade fundiária. O todo parece dispor de uma coerência assegurada por Alá, ator da ligação. Teoria do fim da história.

Por outro lado, fascismo e islamismo comungam numa *lógica mística*. No oposto da razão na História, dos encadeamentos racionais de causalidades ou de toda dialética construtiva, o aiatolá promulga a lei do irracional. O coletivo chama ao sacrifício do singular. Toda individualidade deve perder-se na totalidade assim constituída. De modo que ela recebe de seu sacrifício uma identidade nova, fusional: uma participação no corpo místico da sociedade, portanto da comunidade, isto é, de Deus. Daí um devir (falsamente) divino do humano. Teoria do fim da razão.

Essa *lógica panteísta* da comunidade supõe a diluição do eu na totalidade englobante. A fusão no éter do corpo político justifica o martírio que permite ao indivíduo, não perecer como tal, individualmente, subjetivamente, mas, ao contrário, realizar uma transmutação de seu ser persistindo na comunidade mística de maneira sublimada porque eterna, a-histórica e trans-histórica. Daí os camicases muçulmanos. Teoria da escatologia existencial.

Do mesmo modo, a teocracia islâmica apóia-se – como todo fascismo – numa *lógica hipermoral*. Deus comanda a História, seu plano inscreve-se no real, seu desígnio manifesta-se permanentemente. Toda subjetividade obedece às ordens de Alá, que exige a purificação ética do crente: daí o ódio ao corpo, à carne, à sexualidade livre, aos desejos, etc. A realização da ordem moral como ocasião de hipóstases conduz a um empíreo místico. Isso supõe uma condenação da luxúria, do homossexualismo, do jogo, das boates, do álcool, da prostituição, do cinema, do perfume, da loteria e de outros vícios denunciados pelo aiatolá. Teoria do ideal ascético.

Enfim, fascismo e islamismo supõem uma *lógica de circunscrição*. Nada nem ninguém deve deixar de atender ao apelo, donde uma mobilização geral da totalidade das engrenagens da máquina do Estado. Bloqueio das instituições, da imprensa, do exército, do jornalismo, da educação, da magistratura, da polícia, dos funcionários, dos intelectuais, dos artistas, dos cientistas, dos escritores, dos oradores – dixit o texto... –, dos pesquisadores. A competência na esfera de atividade passa para segundo plano. Em primeiro plano? A fé, o fervor, a religiosidade, o zelo em praticar a religião. Teoria da militarização da sociedade.

Tudo o que habitualmente define o fascismo encontra-se na proposta teórica e na prática do governo islâmico: a massa dirigida por um chefe carismático, inspirado; o mito, o irracional, a mística promovidos à categoria de motor da História; a lei e o direito criados pela palavra do chefe; a aspiração a abolir um mundo velho para criar um novo – novo homem, novos valores; o vitalismo da visão do mundo acompanhado de uma paixão tanatofílica sem fundamento; a guerra expansionista vivida como prova da saúde da nação; o ódio às Luzes – razão, marxismo, ciência, materialismo, livros; o regime de terror policial; a abolição de toda separação entre esfera privada e domínio público; a construção de uma sociedade fechada; a diluição do indivíduo na comunidade; sua realização na perda de si mesmo e no sacrifício salvador; a celebração das virtudes guerreiras – virilidade, machismo, fraternidade, camaradagem, disciplina, misoginia; a destruição de toda resistência; a militarização da política; a supressão de toda liberdade individual; a crítica fundamental da ideologia dos direitos humanos; a impregnação ideológica permanente; a escrita da história com slogans negadores – anti-semitas, antimarxistas, anticapitalistas, antiamericanos, antimodernos, antiocidentais; a família promovida a primeiro elo do todo orgânico. Seja como for, essa série autoriza a definição de um conteúdo para o fascismo, os fascismos. A teocracia sempre se tece com variações sobre esse tema...

9
Fascismo de raposa, fascismo de leão

O século XXI abre-se para a luta sem trégua. De um lado o *Ocidente judeo-cristão* liberal, no sentido econômico do termo, brutalmente capitalista, selvagemente mercantil, cinicamente consumista, produtor de falsos bens, ignorante de toda virtude, visceralmente niilista, sem fé nem lei, forte com os fracos, fraco com os fortes, ardiloso e maquiavélico com todos, fascinado pelo dinheiro, pelos lucros, de joelhos diante do ouro provedor de todos os poderes, gerador de todas as dominações – corpos e almas misturados. Segundo essa ordem, é liberdade teórica para todos, de fato liberdade apenas para um punhado, muito poucos, ao passo que os outros, a maioria, rastejando na miséria, na pobreza, na humilhação.

Do outro lado, um *mundo muçulmano* piedoso, zeloso, brutal, intolerante, violento, imperioso e conquistador. Fascismo de raposa contra fascismo de leão, um fazendo suas vítimas como pós-moderno com armas inéditas, o outro recorrendo a um hiperterrorismo de estiletes, aviões desviados e cintos de explosivos artesanais. Deus reivindicado pelos dois lados, cada um subscrevendo o ordálio dos primitivos. Eixo do bem contra eixo do mal, de frontes perpetuamente derrubadas...

Essa guerra se trava entre religiões monoteístas. De um lado, judeus e cristãos, novos cruzados; do outro, os muçulmanos, sarracenos pós-modernos. Será preciso escolher um lado? Optar pelo cinismo de uns sob pretexto de combater a barbárie dos outros? Será preciso engajar-se aqui ou ali quando se consideram essas duas versões do mundo dois impasses? Entrando em outros tempos no maniqueísmo e aceitando ser pego nessa armadilha, Michel Foucault saudou a perspectiva de uma política espiritual da revolução iraniana porque ela oferecia uma alternativa ao que ele chamava "sistemas planetários" – em 1978 ainda não se fala em mundialização. Em contrapartida, já nesse tempo, Foucault observa que a questão do islã político é essencial para a época, mas também para os anos futuros. Está dito.

10
Contra a religião dos laicos

Nessa paisagem devastada de um Ocidente encurralado, às vezes a luta de alguns laicos parece contaminada pela ideologia do adversário: muitos militantes da causa assemelham-se exatamente a clérigos. Pior: a caricaturas de clérigos. Infelizmente, o livre pensamento contemporâneo com freqüência cheira a incenso, perfuma-se despudoradamente com águabenta. Como clergymen de uma Igreja de carolas ateus, os atores desse movimento historicamente considerável parecem ter perdido o trem da pós-modernidade. Hoje não se combate o monoteísmo com as armas da República de Gambetta.

Certamente, o combate livre-pensador produziu efeitos consideráveis no advento da modernidade: desconstrução das fábulas cristãs, desculpabilização das consciências, laicização do juramento jurídico, da educação, da saúde e do exército, luta contra a teocracia em proveito da democracia, mais particularmente sob sua forma republicana, separação entre Igreja e Estado, para a mais célebre vitória.

No entanto, os catecismos laicos, as cerimônias civis – batismos, comunhões (!) –, as festas da juventude, a luta contra o repicar de sinos nas pequenas cidades, a aspiração a um novo calendário, o iconoclasmo, a luta contra o porte da sotaina cheiram um pouco demais a práticas de heresia cristã... A descristianização não passa por ninharias e quinquilharias mas pelo trabalho sobre a episteme de uma época, por uma educação das consciências para a razão. Pois o episódio revolucionário de descristianização logo produz um culto ao Ser supremo e outras festas clericalmente tolas e mal vindas.

Pensemos em termos dialéticos: os excessos se explicam e se justificam pela rudeza do combate da época, pela rigidez dos adversários que dispõem de plenos poderes sobre os corpos, as almas, as consciências, e pelo confisco de todas as engrenagens da sociedade civil, política, militar pelos cristãos. Quando os livre-pensadores estigmatizam seus inimigos tratando-os de piolhos e insetos – parasitas –, de aranhas e de serpentes – ardilosos –, de porcos e bodes – sujeira, fedor, lubricidade –, de corujas e morcegos – escuridão, obscurantismo –, de abutres – gosto por carniça! – e de corvos – negrume –, os clérigos respondem: macaco – Darwin! –, porco – o imperecível porco epicurista... –, cão – o ladrador que copula em público caro a Diógenes... O folclore ganha em sabor, o debate perde em qualidade...

11
Fundo e forma da ética

Mais constrangedor: a laicidade militante apóia-se na ética judeo-cristã que freqüentemente ela se contenta em copiar. Immanuel Kant ao escrever *A religião nos limites da simples razão* fornece com freqüência um breviário para o pensamento laico: as virtudes evangélicas, os princípios do decálogo, as exortações testamentárias recebem uma nova apresentação. Conservação do fundo, mudança da forma. A laicização da moral judeo-cristã corresponde com muita freqüência à reescrita imanente de um discurso transcendente. O que vem do céu não é abolido mas readaptado para a terra. O cura e o hussardo negro da República se combatem mas, afinal, militam por um mundo semelhante quanto à essência.

Os manuais de moral nas escolas republicanas ensinam a excelência da família, as virtudes do trabalho, a necessidade de respeitar os pais e venerar os velhos, a legitimidade do nacionalismo, as obrigações patrióticas, a desconfiança para com a carne, o corpo e as paixões, a beleza do trabalho manual, a submissão ao poder político, os deveres para com os pobres. O que o cura da aldeia teria a replicar? Trabalho, Família, Pátria, santa trindade laica e cristã.

O pensamento laico não é um pensamento descristianizado, mas cristão imanente. Com uma linguagem racional, no registro defasado do conceito, a quintessência da ética judeo-cristã persiste. Deus deixa o céu para descer à terra. Ele não morre, não é morto, não é dispensado, é adaptado ao terreno da pura imanência. Jesus continua sendo o herói das duas visões de mundo, pede-se apenas que ele ponha de lado sua auréola, que evite o sinal ostensivo...

Daí a definição relativista da laicidade: enquanto a episteme continua sendo judeo-cristã, fazemos como se a religião não impregnasse, não embebesse as consciências, os corpos e as almas. Falamos, pensamos, agimos, sonhamos imaginamos, comemos, sofremos, dormimos, concebemos como judeo-cristãos, construídos por dois mil anos de formatação do monoteísmo bíblico. Então, a laicidade luta para permitir que cada um pense o que quer, que acredite em seu deus, contanto que não o demonstre publicamente. Mas publicamente a religião laicizada de Cristo comanda o baile...

Nenhuma dificuldade, nesse caso, para afirmar na República francesa contemporânea a igualdade do judeu, do cristão, do muçulmano, mas também do budista, do xintoísta, do animista, do politeísta, ou do agnóstico e do ateu. Tudo pode dar a impressão de se equivaler, uma vez que seja vivido no foro interior e na intimidade da consciência, pois fora, no registro da vida pública, os quadros, as formas, as forças, equivale a dizer o essencial – ética, política, bioética, direito, política – continua sendo judeo-cristão!

12
Por uma laicidade pós-cristã

Superemos portanto a laicidade ainda marcada demais por aquilo que ela pretende combater. Parabéns pelo que ela foi, elogio a suas lutas passadas, um brinde ao que lhe devemos. Mas avancemos de maneira dialética. Os combates de hoje e de amanhã necessitam de novas armas, mais bem forjadas, mais eficazes, ferramentas atuais. Um esforço a mais, portanto, para descristianizar a ética, a política e o resto. Mas também a laicidade, que ganharia em se emancipar ainda mais da metafísica judeo-cristã, e que poderia servir de fato nas guerras futuras.

Pois colocando em pé de igualdade todas as religiões e sua negação, conforme exorta a fazer a laicidade hoje triunfante, avaliza-se o relativismo: igualdade entre o pensamento mágico e o pensamento racional, entre a fábula, o mito e o discurso argumentado, entre o discurso taumatúrgico e o pensamento científico, entre a Torah e o *Discurso sobre o método*, o Novo Testamento e a *Crítica da razão pura*, o Corão e a *Genealogia da moral*. Moisés equivale a Descartes, Jesus, Kant e Maomé, Nietzsche...

Igualdade entre o crente judeu persuadido de que Deus dirige-se a seus ancestrais para lhe confiar sua eleição e, para isso, abre-lhe o mar, detém o sol, etc. – e o filósofo que procede segundo o princípio do método hipotético-dedutivo? Igualdade entre o fiel convencido de que seu herói nascido de uma virgem, crucificado sob Pôncio Pilatos, ressuscitado no terceiro dia, desde então passa os dias tranqüilamente sentado à direita do pai – e o pensador que desconstrói a fabricação da crença, a construção de um mito, a criação de uma fábula? Igualdade entre o muçulmano persuadido de que tomar beaujolais e comer um assado de porco lhe proíbe definitivamente o acesso ao paraíso ao passo que o assassínio de um fiel, em contrapartida, lhe escancara suas portas – e o analista escrupuloso que, baseado no princípio positivista e empírico, demonstra que a crença monoteísta equivale à do animista dogon que acredita que o espírito de seus ancestrais volta sob a forma de raposa? Se a resposta é sim, então cessemos de pensar...

Esse relativismo é danoso. Doravante, sob pretexto de laicidade, todos os discursos se equivalem: o erro e a verdade, o falso e o verdadeiro, o fantasístico e o sério. O mito e a fábula têm o mesmo peso da razão. A magia conta tanto quanto a ciência. O sonho tanto quanto a realidade. Ora, nem todos os discursos se equivalem: os da neurose, da histeria e do misticismo procedem de um mundo diferente daquele do positivista. Assim como não devemos colocar em pé de igualdade carrasco e vítima, bem e mal, não devemos tolerar a neutralidade, a benevolência expressa para com todos os regimes de discurso, inclusive os dos pensamentos mágicos. É preciso permanecer neutros? Devemos permanecer neutros? Ainda temos meios para esse luxo? Não acredito...

No momento em que se prepara um último combate – já perdido... – para defender os valores das Luzes contra as proposições mágicas, é preciso promover uma laicidade pós-cristã, ou seja, atéia, militante e radicalmente oposta a toda escolha de sociedade entre o judeo-cristianismo ocidental e o islã que o combate. Nem a Bíblia, nem o Corão. Aos rabinos, aos padres, aos imãs, aiatolás e outros mulás, persisto em preferir a filosofia. A todas essas teologias abracadabrantescas, prefiro recorrer aos pensamentos alternativos à historiografia filosófica dominante: os trocistas, os materialistas, os radicais, os cínicos, os hedonistas, os ateus, os sensualistas, os voluptuosos. Estes sabem que existe apenas um mundo e que toda promoção de um além-mundo nos faz perder o uso e o benefício do único que há. Pecado realmente mortal...

BIBLIOGRAFIA*

Ateologia

1
Pobreza atéia

A bibliografia da questão atéia é indigente. Rara em comparação com as publicações dedicadas às religiões – quem conhece uma estante sobre ateísmo nas livrarias? ao passo que todas as variações sobre o tema religioso dispõem de suas subseções –, e além disso de má qualidade. Como se os autores sobre esse tema trabalhassem para satisfazer aos deícolas! Henri Avron abre o fogo com um "Que sais-je?" intitulado *L'athéisme*, em 1967: a metade desse livrinho é dedicada ao ateísmo de Demócrito, Epicuro, Lucrécio, La Mothe Le Vayer, Gassendi, Pierre Bayle, Thomas Hobbes, John Locke, Hume e outros que nunca negaram a existência de Deus ou dos deuses... Mesma observação para Hegel – ateu! Stirner é tratado num capítulo dedicado ao ateísmo nietzschiano quando seu único livro *L'Unique et sa propriété* [O Único e sua propriedade] data do ano de nascimento de Nietzsche: eis um nietzschiano precoce! Outra gafe: a ausência de Freud, autor, afinal, de *O futuro de uma ilusão*, que desmonta absoluta-

* Esta bibliografia foi elaborada com base nas edições francesas das obras citadas. Foi mantida nesta edição brasileira pelo interesse dos comentários, informações e análises acrescentadas por Michel Onfray. (N. da T.)

mente a religião e se inscreve na linhagem dos grandes textos desconstrutores do religioso. Henri Arvon, historiador do anarquismo, terminou sua existência convertido ao libertarismo – um ultraliberalismo que, em sua época, deleitava Ronald Reagan...

Encontramos os mesmos defeitos, ou quase, na monumental *Histoire de l'athéisme* de Georges Minois, Fayard, 1998, 671 páginas das quais duas dedicadas a Freud! Além do uso abusivo do epíteto para qualificar politeístas, deístas, cristãos heterodoxos – Epicuro, Rabelais, Hobbes na capa com Sade, Nietzsche e Sartre! –, é um ganho pular a introdução na qual o autor ensaia pensar o ateísmo e levar em conta o resto do livro pelas fichas que justapõe, a partir das quais é possível considerar sozinho as leituras a serem feitas. A ser tomado como uma coletânea de fichas a serem selecionadas...

2
Deus morreu. Ah, é?

Para verificar as condições do assassínio, Nietzsche evidentemente e o famoso parágrafo 125 – "L'insensé" – do *Gai savoir*. Ler também *Ecce homo* e *L'Antéchrist* em "Oeuvres", dois volumes, Bouquins, Laffont, 1993. Para esse tema do *baccalauréat* – "Deus está morto, portanto tudo é permitido", ver Dostoiévski, *Les frères Karamazov*, Pléiade.

Na falta de uma boa história do ateísmo, que ainda está para ser escrita, leiam-se duas abordagens filosóficas da questão: em primeiro lugar, Jacques-J. Natanson, *La mort de Dieu. Essai sur l'athéisme moderne*, PUF, 1975. O autor faz uma leitura clara e inteligente das questões aferentes ao ateísmo, mesclando informação, análise e comentário. Oito páginas de bibliografia. Em seguida, dentro do mesmo espírito: Dominique Folschied, *L'esprit de l'athéisme et son destin*, La Table ronde, 1991. Nietzsche e Dostoiévski são abundantemente analisados nessa obra.

3
Da antifilosofia e de seu contrário

A noção é explicitada na única obra, ao que me parece, dedicada a essa questão: Didier Masseau, *Les ennemies des philosophes. L'antiphilosophie au temps des Lumières*, Albin Michel. Jesuítas, jansenistas, apologistas, católicos combatentes manifestam em pleno século XVIII ódio aos filósofos – Rousseau, Voltaire, Diderot – e à filosofia. A historiografia aparou esse século para torná-lo apenas o das Luzes, esquecendo que há de um lado a tradição cristã, vingativa, militante e polêmica, do outro os que eu chamaria os ultras da filosofia – os ateus – La Mettrie, d'Holbach, Helvétius, que os valores sólidos das Luzes criticam e combatem em nome do deísmo... Vinte e sete páginas de uma excelente bibliografia.

La doctrine curieuse, de Garasse, abriu o baile no século anterior. Reedição a ser publicada por Encre-Marine. Para constatar que Vanini nunca foi ateu, mas antes panteísta e cristão, *Oeuvres philosophiques*, Adolphe Delahays, 1856, nunca reeditada em francês desde então... Tradução francesa de X. Rousselot. Ver também Émile Namer, *La vie et l'oeuvre de J. C. Vanini*, Vrin, 1980.

Para contrabalançar a antifilosofia, uma coletânea de textos dirigida por Patrick Gaille e Mladen Kozul, *Discours antireligieux français du dix-huitième siècle. Du curé Meslier au marquis de Sade*, L'Harmattan les Presses de l'Université de Laval, 2003: antologia preciosa com suas notas de apresentação igualmente indispensáveis. Remédio para os inimigos da filosofia de ontem e de hoje...

O quase primeiro ateu – Cristóvão Ferreira – escreveu *La supercherie dévoilée*. O texto, de cerca de trinta páginas, é laboriosamente apresentado por Jacques Proust, universitário suficientemente pretensioso para colocar seu patronímico na página de rosto que traduziu com uma Marianne de mesmo sobrenome. Assim, é de julgar que ele seja autor do livro, e o próprio nome de Ferreira não aparece em parte alguma... Honesto, elegante! Subtítulo do livro: *Une réfutation du catholi-*

cisme au Japon ao XVIIe siècle – "dans le Japon" teria permitido sentir menos a pena universitária, mas, bem... Publicado por Chandeigne. A bibliografia contém evidentemente todos os artigos desse tandem infernal...

4
Intestinos burgueses e tripas católicas

Conhecemos a famosa frase do abade Meslier na qual ele desejava que todos os nobres fossem enforcados e estrangulados com as tripas dos padres... Nós a encontraremos nos três volumes das *Oeuvres* de Jean Meslier, ed. Anthropos, 1970. Para os que se assustarem com as duas mil páginas, um compêndio bem feito sob o título *Mémoire*, Exils, 2000. O trabalho incontornável e provavelmente insuperável de Maurice Dommanget, *Le curé Meslier. Athée, communiste et révolutionnaire sous Louis XIV*, Julliard, 1965, reúne tudo o que se pode saber sobre essa obra de um autêntico filósofo evidentemente descartado pela historiografia clássica pois tinha tudo para desagradar: seu ódio a Deus, ao cristianismo, ao idealismo, ao ideal ascético e seu elogio à liberdade, ao hedonismo e à vida terrena. Para os que gostam de resumos indicamos Marc Bredel, *Jean Meslier l'enragé. Prêtre athée et révolutionnaire sous Louis XIV*, Balland, 1983. A cópia quase integral do subtítulo de Dommanget provavelmente diz o que o segundo deve ao primeiro...

Do mesmo excelente Dommanget, pode-se ler a biografia intelectual crítica *Sylvain Maréchal. "L'homme sans Dieu". Vie et oeuvre du Manifeste des égaux athée*, mas também o *Dictionnaire des athées*, Spartacus, 1950. Trata-se de mais um compêndio insuperado sobre um pensador também desaparecido da circulação intelectual contemporânea.

5
A convivência holbáchica

Divino d'Holbach! Graças à coragem e à feliz determinação de Jean-Pierre Jackson – que faz um excelente trabalho de editor com tudo o que toca... – dispomos de uma edição das *Oeuvres philosophiques* que está em curso. Três volumes monumentais publicados pela editora Alive. Assim, *Le christianisme devoilé, La contagion sacrée* e a *Théologie portative* no tomo 1, o *Essai sur les préjugés, Système de la Nature* e a incrível *Histoire critique de Jésus-Christ* no tomo 2, e, no tomo 3, *Tableau des saints, Le bon sens, Politique naturelle* e *Ethocratie*: deve ser adotado imprescindivelmente nos cursos que informam sobre o fato ateu! O poder de fogo ateu desse filósofo é considerável. Ele pulveriza os trejeitos deístas de Rousseau, as comédias anticlericais do Voltaire defensor da religião para o povo e as hesitações de Diderot sobre a questão de Deus.

Uma seleção de textos em um volume não-encontrável por René Hubert, *D'Holbach et ses amis*, André Depeuc editor, numa coleção anticristã que também editava Gourmont e Jules de Gaultier sobre Nietzsche. Em seguida, de Pierre Naville, *D'Holbach et la philosophie scientifique au XVIIIe siècle*, Gallimard, 1957. A reedição de algumas obras do filósofo na excelente coleção Corpus da Fayard permitiu uma coletânea de contribuições da revista *Corpus* sobre d'Holbach.

6
O hidroterapeuta pneumático

A inexistência de Feuerbach no mercado filosófico é igualmente escandalosa. Além da captação de herança e da recuperação de Louis Althusser tradutor dos *Manifestes philosophiques. Textes choisis (1839-1845)* para a PUF e depois para a 10/18 em 1960, ou as de seu epígono Jean-Pierre Osier, a quem se deve a versão francesa de *L'essence du christianisme* para a Maspero, em 1982, seria inútil procurar outra coisa. Ou então a tradução de J. Roy datada de 1864, para um volume intitulado *La religion*, de *L'essence de la religion* (1845), *Mort et immortalité* (1830), *Pensées diverses* e *Remarques*, reeditado pela Vrin em 1987. Mais recentemente, *Pensées sur la mort et l'immortalité*, Cerf, trad. fr. Ch. Berner, 1991.

Sobre Feuerbach, não há grande coisa: de Henri Arvon – autor do ruim "Que sais-je?" sobre o ateísmo... – *Ludwig Feuerbach ou la transformation du sacré*, PUF, 1957, e, mais sintético, com uma seleção de textos, do mesmo autor, *Feuerbach*, PUF, 1964. Alexis Philonenko redigiu um compêndio sobre a juventude de Feuerbach, *La jeunesse de Feuerbach (1828-1841) Introduction à ses pensées fondamentales*, Vrin, 1990; seria bom ver o mesmo trabalho de titã feito sobre os trinta últimos anos do filósofo... Jean Salem introduz brevemente a eles com *Une lecture frivole des écritures. "L'Essence du christianisme" de Ludwig Feuerbach*, Encre Marine, 2003.

7
Sobre uma episteme judeo-cristã

Foucault define a noção de episteme em *Les mots et les choses* em 1966. Em *Dits et écrits*, tomo 2, ele afirma: "todos os fenômenos de relações entre as ciências ou entre os diferentes discursos científicos constituem o que chamo de a episteme de uma época". Evidentemente, só se pode compreender detalhadamente uma episteme em termos de arqueologia, num terreno muito improvável. Falando de um corpo cristão em *Féeries anatomiques* propus uma pista para abordar a questão da episteme a partir da carne ocidental. Pode-se ler sobre o tema Nicolas Martin e Antoine Spire, *Dieu aime-t-il les malades? Les réligions monothéistes face à la maladie*, Anne Carriére, 2004, para verificar o quanto a ideologia judeo-cristã impregna consideravelmente as questões da saúde, da doença e, infelizmente, da bioética. Os detalhes da posição cristã sobre as questões de saúde encontram-se em *Charte des personnels de la santé* que tem como autor o Conselho pontifical para a pastoral dos serviços da saúde e como editor a Cidade do Vaticano, 1995: é consternador para avaliar o quanto nossa bioética patina, até mesmo regride, por causa das posições retrógradas da Igreja defendidas por laicos embebidos em água-benta...

Sobre a questão do direito e de sua formatação judeo-cristã, defini minha posição em "Pour en finir avec le jugement des hommes", em *L'archipel des comètes*, Grasset.

8
Um ateísmo cristão!

André Comte-Sponville não recusa minha formulação, mas prefere "ateu fiel". Ele explica o que entende por isso em *A-t-on encore besoin d'une réligion?*, Les Éditions de l'Atelier, 2003. "Ateu, pois não acredito em nenhum Deus; mas fiel porque me reconheço numa certa tradição, numa certa história e nos valores judeo-cristãos (ou greco-judeo-cristãos) que são os nossos", p. 58. Também Luc Ferry recusa a posição atéia, preferindo a opção agnóstica – mais prudente em tudo. Ver *L'homme-Dieu*, Grasset.

Esse tropismo cristão mais claramente assumido também se encontra, na filosofia contemporânea, em Michel Henry e Giovanni Vattimo. O primeiro aborda o cristianismo como fenomenólogo em *Incarnation*, Seuil, 2000, *Paroles du Christ*, Seuil, 2004, e *C'est moi la vérité. Pour une philosophie du christianisme*, Seuil, 1996. O segundo como hermeneuta... Ver *Espérer croire*, Seuil, 1998, e *Après la chrétienté*, Calmann-Lévy, 2004. Ou como mergulhar a Bíblia na água lustral de *Être et temps* para obter uma solução – no sentido químico... – milagrosa...

9
Permanência da escolástica

De modo nenhum ateus, mas francamente cristãos, podemos ler também Jean-Luc Marion, *Dieu sans l'être*, PUF, 2002, e René Girard, *Je vois Satan tomber comme l'éclair...*, Grasset, 1999. Depois, na traição judaica mesclada com filosofia russa, italiana, espanhola, francesa, mas de modo nenhum alemã, Vladimir Jankélévitch, *Traité des vertus*, mil e quinhentas páginas compostas de vários volumes: *Le sérieux de l'intention*, *Les vertus et l'amour*, *L'innocence et la méchanceté*. Mesma tradição, mas aqui misturada à fenomenologia heideggeriana, Emmanuel Levinas, *Autrement qu'être ou au-delà de l'essence*, Nijhoff, 1974. Daí se conclui que mais vale o amor que a guerra, a coragem que a covardia, o perdão que o rancor, o Outro que Si mesmo, perfeito no papel.

Monoteísmos

1
O preço dos livros únicos

Teoricamente, os três monoteísmos apresentam-se como a única religião de um só livro; de fato esses livros únicos são numerosos... A prestigiosa Bibliothèque de la Pléiade, da Gallimard, tem uma linha estranha: edita essas obras com encadernação cinza-camundongo ao passo que apresenta os textos antigos em verde... Por que não encadernar com a mesma cor que Homero, Platão e Agostinho a Bíblia, o Corão, os escritos intertestamentários ou os escritos apócrifos cristãos? Pois são exclusivamente textos históricos...

Utilizei a *Bible* de Emile Osty e Joseph Trinquet, da Seuil. Tem, sobre a edição em três volumes da Pléiade, a vantagem de intercalar títulos no texto, o que facilita as localizações. Em contrapartida, o sistema de notas e de remissões não tem verdadeiro interesse... O *Coran* é o da Pléiade, tradução de D. Masson – versão islamófila, imagina-se. Sistema de notas também a ser revisto, e pelas mesmas razões...

Sobre a historicidade da Bíblia: Israël Finkenstein e Neil Asher Silbermann, *La Bible dévoilée*, Gallimard, está repleta de informações históricas sobre a oficina de confecção mitológica que foi esse livro. Outras obras básicas: *Le Pentateuque*, tradução ecumênica, Cerf, Société Biblique Française. E o *Talmud. Traité Pessahim*, traduzido para o francês por Israël Salzer, Gallimard, Folio. Falta uma verdadeira edição crítica de todos esses livros!

Também não é perda de tempo ler o *Catéchisme de l'église catholique*, Mame e Plon... Persistência e permanência das mitologias herdadas de tempos idos há mais de mil anos! Para os que desejam familiarizar-se com a angelologia, toda uma parte desses tempos idos, ver Pseudo-Denis Areopagita, *Oeuvres complètes*, trad. fr. Maurice de Gandillac, Aubier. E, síntese magistral, *Les anges*, Philippe Faure, Cerf, Fides. Sobre seus locais de habitação: Soubbhi el-Saleh, *La vie future selon le Coran*, Vrin.

2
Livros sobre os livros únicos

As livrarias e bibliotecas transbordam de livros religiosos. Sua abundância só se iguala à raridade das obras dedicadas ao ateísmo! À medida que o tempo passa, essas estantes proliferam nas livrarias, não ficando longe das que celebram o New Age, o desenvolvimento pessoal, a astrologia, o budismo, os tarôs e outras manifestações do irracional – ler de passagem a obra que Adorno dedica aos horóscopos, *Des étoiles à la terre*, trad. fr. Gilles Berton, Exils, na qual muitas análises funcionam, evidentemente, para compreender a crença religiosa.

O princípio do dicionário tem real interesse. Ver o *Dictionnaire des monothéismes*, sob a direção de Jacques Potin e Valentine Zubert, Bayard: três partes, Judaísmo, Cristianismo, Islã, entradas em ordem alfabética, um índice final e outro no final de cada entrada que correspondem a esses três momentos: como dispor rapidamente do mínimo sobre um conceito. O *Dictionnaire de l'Islam. Religion et civilisation*, Encyclopaedia Universalis, Albin Michel, é notável. Malek Chebel, com seu *Dictionnaire des symboles musulmans*, Albin Michel, certamente realiza seu melhor livro, pelo menos o menos parcial. Remissões úteis às suratas, bibliografia e correlatos úteis.

A leitura do Talmud é extremamente fastidiosa! Os leitores não corajosos poderão ler o livro de Adin Steinsaltz, *Introduction au Talmud*, Albin Michel, e o de A. Cohen, *Le Talmud*, trad. fr. J. Marty, Petite Bibliothèque Payot. Excelentes sínteses históricas no primeiro livro, temática para o segundo abundantemente repleta de citações. Mas o contato com o próprio texto do Talmud é essencial, com certeza pelo conteúdo e pelas idéias, mas também para entender a economia de uma lógica, de uma dialética e de um pensamento.

Sobre o islã, será preferível Rohdy Alili, *Qu'est-ce que l'islam?*, La Découverte, ao *Dictionnaire amoureux de l'islam* de Malek Chebel, Plon, parcial e faccioso: o islã, religião de paz e de amor (!), que tolera o vinho ("nunca se colocou a questão de suprimir radicalmente o vinho, mas apenas de dissuadir dele os bons crentes", p. 617), singular paradoxo ao qual se chega evitando nas entradas desse dicionário verdadeiramente amoroso Guerra, Razias, Combates, Conquistas, Anti-semitismo – o que constitui o essencial da vida do profeta e do islã durante séculos –, em contrapartida há um texto sobre as Cruzadas. Mesma observação sobre a ausência de entradas Judeus, Anti-semitismo... Quanto à sexualidade, lê-se com alegria: "O islã liberou o sexo e fez dele um lugar de extrema sociabilidade", p. 561. É de perguntar às mulheres submetidas à charia o que elas pensam disso, pois Malek Chebel, no verbete Mulher, acredita que o mau tratamento às mulheres tem a ver com governos retrógrados, políticos incompetentes, mas nunca com o próprio texto do Corão...

3
O antídoto às imposturas monoteístas

Ler Raoul Vaneigem: *De l'humanité de la religion*, Denoël. Mas também seu prefácio a *L'art de ne croire en rien*, seguido do *Livre des trois imposteurs*, Payot-Rivages. Esses três impostores são Moisés, Jesus, Maomé... Ver também o livro importante, muito trabalhado, de conclusões espantosas – os judeus, "esse povo mental (como se fala de arte conceitual) é uma criação verbal", p. 118 – de Jean Soler, *Aux origines du Dieu unique. L'invention du monothéisme*, éd. de Fallois, 2002, onde o autor mostra como os hebreus passam do politeísmo ao monoteísmo para garantir sua existência ontológica a partir de um livro único. Mas também como sua mensagem de amor refere-se apenas a seus semelhantes – "Deus de todos ou Deus dos judeus?", pp. 184-6 –, não a seu próximo. Este último ponto é desenvolvido em *La loi de Moïse*, mesma editora, 2003, pp. 66-74 e 106-11, livro que mostra também, no capítulo 1, o alcance restrito que se deve dar ao imperativo pretensamente universal: "Não matarás". (Obrigado a Jean Soler por seus preciosos conselhos de releitura de meu manuscrito.)

4
Prepúcios, refinamentos e bibliotecas

O mesmo Malek Chebel publicou *Histoire de la circoncision des origines à nos jours*, Le Nadir, Balland. Na introdução, p. 11, ele escreve: "as informações deste livro pretendem-se exatas e não estão submetidas a nenhum proselitismo". A dedicatória desse livro, p. 7, esclarece a natureza dessa objetividade: "Este livro é dedicado aos 'cirurgiões da luz': os circuncidadores." E, na p. 30, sempre neutro, depois de alguns desenvolvimentos e considerações psicológicas – pois Malek Chebel diz-se também psicanalista... –, ele conclui: "Pode-se verdadeiramente considerar a ablação de uma pele tão fina um ato 'traumático' e a fortiori traumatológico?" Volte, Sigmund...

Sobre a circuncisão, serão preferíveis as análises inspiradas no método utilitarista e pragmático anglo-saxão – nos melhores sentidos desses termos – de Margaret Sommerville, *Le canari éthique. Science société et esprit humain*, edições Liber, espcialmente o capítulo 8 intitulado "Intervenir sur le corps du petit garçon. Les enjeux éthiques de la circoncision", pp. 201-16. Essas páginas mudaram minha opinião sobre a questão antes de sua leitura, e depois provocaram definitivamente minha convicção. Ver também Moïse Maïmonide, *Le guide des égarés. Traité de théologie et de philosophie*, trad. fr. do árabe de S. Munk, Maisonneuve et Larose, pp. 416-21.

O mesmo Malek Chebel, voltando a ele, cometeu um livro de título muito bonito, *Traité du raffinement*, Payot, no qual celebra o refinamento como uma arte muçulmana ao passo que, na verdade, ele procede da civilização árabe pré-islâmica. O fato de que alguns cursos tenham persistido – Bagdá, Córdoba, no Magreb, no Egito –, sem se preocupar com os ensinamentos corânicos, a celebrar os perfumes, as jóias, as pedras preciosas, o vinho (mais uma vez!), o luxo, a gastronomia, o homossexualismo, não permite concluir pela conversão do islã ao hedonismo! Seria o mesmo que julgar a natureza do marxismo-leninismo unicamente pela vida cotidiana dos hierarcas do Kremlin nos anos stalinianos...

Para avaliar a extensão da liberalidade hedonista do islã (ler para os arrepios na espinha Abd Allâh b.' Abd al-Rahmân al-Watbân, *Jalons sur le chemin de la chasteté*, seguido pelo texto de 'Abd al'Aziz b'. 'Abd Allâh b. Bâz, *Les dangers de la mixité dans le domaine du travail*, ed. Al-Hadith), seu gosto tolerante pelos livros que não são nem o Corão nem religiosos, ler-se-á com prazer Lucien X. Polastron, *Livres en feu*, Denoël. Nele encontraremos desenvolvimentos sobre o gosto cristão pelos autos-de-fé da origem do Estado totalitário cristão (século IV) ao Índex – jamais abolido... Os judeus padeceram muito as fogueiras de livros durante toda a sua existência e nunca iniciaram nenhuma. Admirável síntese em Anne Marie Delcambre, *L'islam des interdits*, Desclée de Brouwer, 2003 – deve-se também a ela uma excelente biografia do Profeta, *Mahomet*, da mesma editora, 2003.

Sobre as relações entre o Vaticano e a inteligência – portanto os livros... –, ver Georges Minois, *L'Église et la science. Histoire d'un malentendu*, Fayard, extremamente factual, perdendo-se nos detalhes (dois volumes, só um bastaria...), sem jamais nenhuma teorização, nem conceituação. Para ler comparando com Jean Steinman, *Richard Simon. Les origines de l'exégèse biblique*, éditions d'Aujourd'hui. Richard Simon (século XVII) introduz a inteligência na leitura dos textos ditos sagrados e como tal contraria Bossuet, o Oratoire, Port-Royal, os beneditinos, os jesuítas, a Sorbonne, os protestantes. São boas razões para fazer dele um herói... Ver também Jean Rocchi, *L'irréductible. Giordano Bruno face à l'Inquisition*, com um prólogo muito revigorante de Marc Silberstein, o dinâmico animador das edições – materialistas militantes... – Silepse!

Cristianismo

1
A carne de um ectoplasma

Contam-se aos milhares, evidentemente, as histórias de Jesus... As que negam sua existência histórica e reduzem essa figura à cristalização de uma ficção contam-se nos dedos de uma mão. Evidentemente... A mais famosa é assinada por Prosper Alfaric, *À l'école de la raison. Études sur les origines chrétiennes*, Publications de l'Union rationaliste. Ver em especial pp. 97 a 200, "Le problème de Jésus. Jésus a-t-il existé?" [O problema de Jesus. Jesus existiu?]. Resposta: Não... Hoje, Raoul Vaneigem defende essa posição, que retoma por sua conta em *La résistance au christianisme. Les hérésies des origines au XVIIIe siècle*, Fayard. Ele fala especialmente, na p. 104, da "fábula católica e romana de um Jesus histórico". Claro...

Outros acreditam em sua existência histórica, certamente, mas apontam em grandes obras milhares de inverossimilhanças, incertezas, probabilidades, contraverdades na Bíblia, confessam tantas incapacidades para concluir por certezas que nos perguntamos o que os impede de passar para o campo dos negadores... Prudência? Incapacidade de se responsabilizar por esse iconoclasmo maior? Impossibilidade de superar sua formação intelectual – com freqüência ex-seminaristas ou indivíduos que fizeram sólidos estudos teológicos? Pois há uma folha de papel de cigarro entre suas conclusões e as dos ultra-racionalistas.

Assim Charles Guignebert, *Jésus*, La Renaissance du livre, 1933, e *Le Christ*, da mesma editora, 1943, aos quais devo alguns dos exemplos que citei para sublinhar as extravagâncias do Novo Testamento – *titulus*, língua de Pilatos, etc. Gérard Mordillat e Jérôme Prieur fizeram uma síntese desse trabalho, completada por alguns raros trabalhos recentes, em *Corpus Christi. Enquête sur l'écriture des Evangiles*, cinco pequenos volumes publicados pela Mille et Une Nuits em 1997: *Crucifixion*, *Procès*, *Roi des Juifs*, *Pâque*, *Résurrection* e *Christes*. Esse trabalho foi objeto de uma série de doze filmes passados no canal de televisão Arte. De Jérôme Prieur, *Jésus illustre et inconnu*, Desclée de Brouwer, 2001, e de Gérard Mordillat, *Jésus contre Jésus*, Seuil.

2
O aborto de Deus
É ele quem o diz... são Paulo... na primeira epístola aos coríntios (XV, 8). Para todos os textos de Paulo ou sobre ele, Epístolas, Cartas, Atos, etc., *La Bible*, trad. fr. Osty, Seuil, 1973. Bibliografia abundante, evidentemente. E nem sempre facciosa... As edições da Fayard são consideradas sérias... Como então apreender a obra inteira quando se lê, sob a pena de Françoise Baslez, *Saint Paul*, 1991, este detalhe no capítulo dedicado à conversão no caminho de Damasco, p. 81: "ele nunca fará a menor alusão a uma eventual cegueira", ao passo que se lê nos Atos dos apóstolos (IX, 8): "embora estivesse de olhos abertos, ele não via nada" – e isso durante três dias...

Em seu estilo televisual – ao lê-lo o ouvimos... – Alain Decaux cometeu *L'avorton de Dieu. Une vie de saint Paul*, Desclée de Brouwer, Perrin, 2003. O historiador não esconde sua empatia católica, mas faz um trabalho honesto de compilação. Especialmente sobre as doenças do Tarsiota – p. 101. Útil – porque evita as leituras necessárias por sua causa... Não há crítica, não há reservas, não há interpretações próprias, mas uma narração introdutória.

Alain Badiou, filósofo, matemático, lacaniano, escritor de romances e de peças de teatro, também militante de extrema esquerda, confia em seu *Saint Paul. La fondation de l'universalisme*, PUF, 1997, seu interesse – compreende-se... – pelo fundador de religião, pelo criador de Império. Pena que ele considere Paulo o único, sem integrar a sua reflexão o que Constantino acrescenta para tornar possível a Igreja planetária. O ectoplasma necessita da histeria para se encarnar, mas é o ditador que realiza a extensão do corpo de Jesus ao Império...

3
Retrato da época

Para entender o ambiente psicológico do Baixo-Império, sua crença no mistério, no maravilhoso, nos magos, na astrologia, sua religião, suas rupturas, seu gosto pelo irracional: E. Dodds, *Païens et chrétiens dans un âge d'angoisse*, trad. fr. H. D. Saffrey, 1979, La Pensée sauvage. Ver também H. I. Marrou, *Décadence romaine ou Antiquité tardive?*, Seuil, 1977 – que prova a continuação do mundo antigo no período cristão primitivo. É nesta obra que se lê a expressão "État totalitaire du Bas-Empire" [Estado totalitário do Baixo-Império], p. 172. Marrou, cristão, escreveu sobre Agostinho, Clemente de Alexandria e a história da Igreja – entre outros temas. Sobre o funcionamento e o conteúdo do paganismo perseguido pelos cristãos, Ramsay Macmullen, *Le paganisme dans l'Empire romain*, trad fr. A. Spiquel e A. Rousselle, PUF, 1987. E A. J. Festugière, *Hermétisme et mystique païenne*, Aubier-Montaige, 1967. Gibbon – o Michelet inglês... – conta a Antiguidade com real felicidade: *Histoire du déclin et de la chute de l'Empire romain*, trad. fr. M. F. Guizot, Laffont, Bouquins, 2 vol. 1983.

Para uma contagem em baixa das vítimas cristãs dos martírios e outras perseguições antes que, por sua vez, se tornassem perseguidores, ver Claude Lepelley, *L'Empire romain et le christianisme*, Flammarion, 1969. A historiografia católica inchou consideravelmente as cifras para fins de propaganda – motivada aqui como em outras partes por um destino apologético.

4
Sobre o sudário convertido

Retrato de um tirano: Guy Gauthier, *Constantin. Le triomphe de la croix*, France-Empire, 1999. A proposta de uma leitura astronômica da aparição – portanto rigorosamente científica – é longamente explicada por seu trabalho. E de maneira convincente. Não há concessões, tampouco há aversões, uma obra que relata claramente as coisas. Estranhamente, a figura do primeiro imperador convertido ao cristianismo não provocou um grande número de escritos na França... O antigo livro de André Pigagniol, *L'empereur Constantin*, ed. Rieder, 1932, continua sendo uma mina de informações que não envelheceu.

Na coleção "Que sais-je?", uma síntese de Bertrand Lançon, *Constantin*, PUF, 1998; na mesma coleção será proveitoso ler a continuação do trabalho do imperador atingido pela graça na obra de Pierre Maraval, *L'empereur Justinien*, 1999.

5
O vandalismo cristão

Busquei longamente as provas da perseguição dos pagãos pelos cristãos. Muitas obras silenciam, negam, até mesmo transformam os recém-chegados ao poder em personagens tolerantes, amáveis, afáveis, apreciadores de livros, construtores de bibliotecas... Não menciono as obras que afirmam esses lugares-comuns, são as mais numerosas. Para encontrar vestígios reais de perseguições, autos-de-fé, destruição de templos, de estátuas, de árvores sagradas, de incêndios:

Primeiro os autores antigos: Juliano, herói do paganismo, que resiste contra a cristianização do Império, infelizmente em vão, escreveu *Contre les galiléens: une imprécation contre le christianisme*, trad. fr. Christophe Gérard, Ousia, 1995. Celso, outro portador do estandarte pagão, publicou *Contre les chrétiens*, trad. fr. Louis Rougier, Phébus, 1999, também destruído, mas imortalizado por Orígenes que, refutando-o e citando-o profusamente, salvou o essencial do texto! Em Louis Rougier, *Celse contre les chrétiens*, Le Labyrinthe, 1997, é mencionado o vandalismo cristão. O *Contre les chrétiens* de Porfírio foi submetido às chamas – não se sabe como era esse texto, perda importante... Libânio, finalmente, *Contre la destruction des temples païens adressée à l'empereur Théodore I*[er], em Pigagniol, *op. cit.*

Ver também Maternus Firmicus, *L'erreur des religions païennes* (XVI-XXIV), trad. fr. Robert Turcan, Belles Lettres, 1982, e Sozomeno, Sócrates e Teodoreto, *Histoire ecclésiastique tripartite*, trad. fr. pessoal: Laure Chauvel, e João Crisóstomo, *Homélie sur les statues (1)*, em Robert Joly, *Origines et évolution de l'intolérance catholique*, ed. Université de Bruxelles, 1986: esses textos – obrigado a Laure Chauvel por sua preciosa ajuda na biblioteca... – detalham as malversações cristãs, e, estranhamente, os historiadores não utilizam seus trabalhos para mostrar como se constrói o cristianismo, ou seja, pela força, pelo sangue, pelo gládio, pelo terror.

Tampouco se lê o *Code théodosien*. Os livros XVI e IX, trad. fr. Elisabeth Magnou-Nortier, Cerf, 2002, legitimam todas as exações cristãs contra os pagãos: pena de morte, violências físicas, confiscos de bens, brutalidades policiais, criação de cidadãos não protegidos pela lei, proibidos de toda capacidade jurídica e privados de proteções... Um modelo para o futuro Code Noir ou as leis anti-semitas de Vichy: como o direito pode dizer a lei que nega uma parte da população – anteontem os pagãos, ontem os negros e os judeus...

Passagens sobre essas exações em Pierre Chuvin, *Chronique des derniers païens. La disparition du paganisme dans l'Empire romain, du règne de Constantin à celui de Justinien*, Belles Lettres-Fayard, 1991; Pierre de Labriolle, *La réaction païenne. Etude sur la polémique antichrétienne du Ier au VIe siècle*, ed. Durand, 1934; Robin Lane-Fox, *Païens et chrétiens: la religion et la vie religieuse dans l'Empire romain, de la mort de Commode au concile de Nicée*, trad. fr. Ruth Alimi, PU du Mirail, 1997 – que salvam a honra da profissão tão unânime em silenciar sobre o vandalismo cristão...

6
A papa patrológica

Com o cristianismo, a filosofia torna-se servidora da teologia, e esta, uma disciplina da glosa e da entreglosa. Filosofar torna-se então comentar os textos da Bíblia e esmiuçar os detalhes criando um mundo de abstrações puras e de noções desencarnadas. Quando isso não ocorre, os autores da Patrologia grega e romana constroem uma moral do ideal ascético cujas obsessões são: ódio ao corpo, aos desejos, paixões e pulsões, elogio do celibato, da continência, da castidade.

Boa introdução a esses nomes e esse modo em C. Mondésert, *Pour lire les Pères de l'Église dans les sources chrétiennes*, Foi vivante, 1979; Jean-Yves Leloup, *Introduction aux "vrais philosophes". Les Pères grecs: un continent oublié de la pensée occidentale*, Albin Michel, 1998. De fato, eles se afirmam os "verdadeiros filósofos" (!), mas a ignorância de seus nomes e de seus textos só se iguala a sua difusão real e efetiva na vida quotidiana há séculos. Vivemos com um corpo cristão fabricado por eles...

Teocracia

1
Totalitarismos, fascismos e outras brutalidades

Indispensável, o trabalho de Hannah Arendt, é claro: *Les origines du totalitarisme*, trad. fr. M. Pouteau, M. Leiris, J. L. Bourget, R. Davreu e P. Lévy, edição revista por H. Freppat para Quarto. Em seguida: Emilio Gentile, *Qu'est-ce que le fascisme?*, Folio, trad. fr. P. E. Dauzat. A tradução do título italiano seria antes *Fascisme. Histoire et interprétation* [Fascismo, história e interpretação], mas o formato da coleção induz esse título de um livro menos introdutório do que a escolha do editor leva a crer. Para terminar com as querelas de historiadores incapazes de se deter numa definição do fenômeno – o que leva alguns, por exemplo, a excluir Vichy do fascismo...

Menos convencional, o livro excelente e premonitório de Jean Grenier, *Essai sur l'esprit d'orthodoxie*, Idées Gallimard, que, já em 1938, diz tudo o que se deve saber sobre o assunto e que os Novos Filósofos descobriram quarenta anos mais tarde, o nazismo, Hiroxima, e ainda Maio de 68 – sem ainda citá-lo verdadeiramente... Outra leitura indispensável, Karl Popper, *La société ouverte et ses ennemis*, tomo 1, *L'ascendant de Platon*, tomo 2, *Hegel et Marx*, trad. fr. J. Bernard e P. Monod, Seuil, 1979. Aqui, mais uma vez, a quarta capa remete aos Novos Filósofos... A edição original data de 1962 e 1966.

2
Terrores específicos

Yves-Charles Zarka e Cynthia Fleury, *Difficile tolérance*, PUF, 2004. Para a análise convincente de Cynthia Fleury segundo a qual "não existe equivalente real da tolerância em islã" e suas demonstrações pertinentes sobre a dhimmitude. Em contrapartida, a noção de estrutura-tolerância de Zarka não chega a convencer realmente. Ler também Christian Delacampagne, *Islam et Occident. Les raisons d'un conflit*, PUF, uma análise que conclui sobre o sucesso militar e político dos Estados Unidos no Iraque... Bom exemplo de retórica dos intelectuais franceses e de suas habituais conclusões... Devem-se ao mesmo autor duas sínteses práticas: *Une histoire du racisme* e *Une histoire de l'esclavage*, ambos da Livre de Poche. Breves e rápidas considerações sobre a escravidão e o Velho Testamento, depois sobre o cristianismo. É preferível de Peter Garnsey, *Conceptions de l'esclavage. D'Aristote à saint Augustin*, trad. fr. A. Hasnaoui, Les Belles Lettres, 2004. Sobre o colonialismo, o insuperável e indispensável trabalho de Louis Sala-Molins, *Le Code noir ou le calvaire de Canaan*, PUF Quadrige – consternador para a Igreja, a monarquia francesa e o Ocidente...

Interessantíssima pequena obra muito densa de Jean-Paul Charnay, especialista em estratégia, intitulada *La Charîa et l'Occident*, L'Herne. Do mesmo autor, *L'islam et la guerre. De la guerre juste à la révolution sainte*, Fayard, 1986, em seguida o volume III dos *Classiques de la stratégie: Principes de stratégie arabe*, L'Herne, 1984. A hipótese de uma mudança do islã é considerada plausível com muita prudência... em muitos séculos...

Malek Chebel, por sua vez, propõe para acelerar o movimento, e não esperar dez séculos, *Manifeste pour un islam des Lumières. Vingt-sept propositions pour réformer l'islam*, Hachette. Em poucas palavras: se o islã não fosse o islã ele se tornaria claramente mais fácil de defender! Pois o que seria um islã feminista? democrático? laico? individualista? igualitário? tolerante? que aceitasse o jogo? etc., senão o contrário do que ele é fundamentalmente... Para defender essas virtudes ocidentais, não é necessário invocar um livro ou uma tradição que as condenam desde sempre: o abandono das referências ao Corão e aos Hadith parece muito preferível para realizar o projeto das Luzes de Malek Chebel!

3
Os delitos cristãos

Georges Minois, *L'Église et la guerre. De la Bible à l'ère atomique*, Fayard. Um pouco longo, às vezes prolixo, perdendo-se em detalhes, faltam-lhe análises, factual, às vezes até ligeiramente faccioso. Nada, por exemplo, sobre a bênção à tripulação do *Enola Gay*, que destruiu Hiroxima, pelo padre Georges Zabelka. Encontrei esse detalhe em Théodore Monod, *Le chercheur d'absolu*, Actes Sud, p. 89. O mesmo Théodore Monod me informou (p. 63) que a Igreja católica havia renunciado à Sedia – o assento real e papal carregado nos ombros por homens... – apenas com João XXIII...

Sobre o colonialismo, Michaël Prior, padre formado pelos lazaristas, *Bible et colonialisme. Critique d'une instrumentalisation du texte sacré*, trad. fr. P. Jourez, L'Harmattan, 2003. A questão do colonialismo, da escravidão, do comérico dos negros praticados pelos muçulmanos gerou poucos trabalhos: ler Jacques Heers, *Les négriers en terre d'islam. La première traite des Noirs VIIe-XVIe siècles*, Perrin, 2003. Ele dá suas razões para explicar esse não-dito na história, que ele coloca em perspectiva com o talento francês para a autopunição e o autodenegrimento. É possível fazer história com outras motivações.

Sobre Ruanda: Jean Damascène Bizimana, *L'Église et le génocide au Rwanda. Les Pères blancs et le négationnisme*, L'Harmattan, 2001. Pena que o trabalho editorial dessa editora não seja feito conscienciosamente: os erros factuais identificados aqui e ali poderiam ser utilizados – erroneamente – para invalidar as teses justas desses dois autores. Ver também o livro impecável de Jean Hatzfeld *Une saison de machettes*, Seuil, 2003 – uma obra-prima a ser colocada no mesmo nível de Primo Levi ou Robert Antelme. Ver o capítulo: "Et Dieu dans tout ça?" [E Deus em tudo isso?]. Do mesmo autor: *Dans le nu de la vie. Récits des marais rwandais*, Seuil, 2000.

A Inquisição gerou uma quantidade considerável de livros. Entre eles: Joseph Pérez, *Brève histoire de l'Inquisition en Espagne*, Fayard, 2002. Mesma observação sobre as Cruzadas: ver os quatro volumes de Albert Dupront, *Le mythe de croisade*, Gallimard. Sobre as relações cristãs e muçulmanas, John Tolan, *Les Sarrasins*, trad. fr. P. E. Dauzat, Aubier, 2003.

4
Suástica e crucifixo

As relações do Vaticano com o nacional-socialismo ficaram conhecidas a partir dos trabalhos de Saul Frielander, *Pie XII et le IIIe Reich*, Seuil, 1964; Daniel Jonah Goldhagen, *Le devoir de morale. Le rôle de l'Église catholique dans l'holocauste et son devoir non rempli de repentance*, trad. fr. W. O. Desmond, Seuil – Les Empêcheurs de penser en rond, 2003. Imperdível. É difícil a Igreja poder responder a essa quantidade de fatos verificados, de tomadas de posição, de análises, etc.

É menos bem conhecida a defesa feita por Hitler de Jesus, de Cristo, do cristianismo, da Igreja... A leitura de *Mon combat* [Minha luta] é suficiente para constatar de visu o fascínio do Führer pelo Jesus que expulsa os mercadores do Templo e pela Igreja capaz de ter construído uma civilização européia, até planetária. O texto existe, mas quem leu esse livro de que todo o mundo fala sem nunca o ter aberto? Tradução francesa de J. Gaudefroy-Demonbynes e A. Calmettes para Nouvelles Éditions latines, sem data. Ler mais especialmente as pp. 118, 119, 120, 306, 451, 457.

As asserções hitlerianas são confirmadas pelas palavras ditas privadamente pelo chanceler do Reich. Albert Speer conta por exemplo o apego de Hitler ao cristianismo e a sua Igreja, fica igualmente desesperado por não ter um interlocutor de qualidade à frente da Igreja com o qual possa planejar "fazer da Igreja evangélica a Igreja oficial". Ver *Au coeur du Troisième Reich*, Fayard, Livre de poche, 1971, pp. 130-1.

5
Sionismo: fachada e bastidores

O projeto sionista de Theodor Herzl não pode deixar de interessar o leitor contemporâneo. *L'État des juifs*, trad. fr. C. Klein, La Découverte, 2003. Nele ficamos sabendo que a Palestina não é uma obsessão: Herzl afirma que a Argentina também poderia convir e que será preciso pegar o que lhes for proposto. O modelo social é perfeito: tempo de trabalho – jornada de sete horas –, organização, constituição, língua – não o hebraico, mas todas as línguas, uma delas emergirá –, legislação, bandeira – branca com sete estrelas douradas –, exército – apenas exército profissional e acantonado nas casernas –, teocracia – de jeito nenhum: os religiosos devem ser proibidos de ocupar-se dos assuntos políticos –, tolerância – liberdade de fé, de crença e de culto. Sobre a tomada de posse do solo: nada de invasão brutal, mas compra de terras leiloadas (p. 90). Tudo isso parece muito idílico. Por que então continua-se calando seu *Journal* [Diário]? E particularmente a data de 12 de junho de 1895: "Deveremos expropriar calmamente a propriedade privada sobre as terras que nos serão concedidas. Tentaremos enviar discretamente a população pobre para os países vizinhos proporcionando-lhe trabalho nos países de trânsito sem oferecê-lo em nosso país. Os proprietários estarão de nosso lado..." Citado por Michaël Prior, *op. cit.*, p. 131.

6
O filósofo e o aiatolá

Do imã Khomeini, *Le Testament politico-spirituel*, ed. Albouraq, apresentação, tradução francesa e anotações R. Alawî, 2001, um manual para todo governo islâmico, toda teocracia muçulmana. Para ler de qualquer modo e para meditar...

Michel Foucault comentou essa revolução iraniana em uma série de artigos encomendados pelo *Corriere della sera*. Os artigos são retomados em *Dits et écrits*, tomo III, 1976-1979. Não se pode efetivamente permanecer indiferente às páginas que ele dedica ao aiatolá como esperança do povo iraniano, à volta do espiritual na política – o que parece alegrá-lo –, à abolição de um regime maldito sobre o qual em contrapartida ele é lúcido e informado, ao nascimento de uma resistência à mundialização pelo islã – em que ele supõe claramente as implicações futuras.

Os textos merecem mais do que a polêmica: Foucault cego / Foucault herói, Foucault partidário do aiatolá / Foucault incapaz de se enganar. Aquele que, naquele ano, trabalha no Collège de France sobre o nascimento do biopoder pode ser excelente na análise de textos, mas ao mesmo tempo errar na análise dos fatos, eis o que interessa à história da filosofia. Releia-se com outro olhar seu famoso texto intitulado "Les 'reportages' d'idées", pp. 706-7.

7
Uma laicidade pós-cristã

Para uma história desses movimentos pioneiros da laicidade na história, ler Jacqueline Lalouette, *La libre-pensée en France. 1848-1940*, Albin Michel. Uma súmula efetuada por uma historiadora que traz ao conhecimento um número considerável de fatos sobre a questão. A partir desse livro, é possível fazer sobre a laicidade uma reflexão mais útil para enfrentar as implicações do século XXI que já não são aquelas, nacionais, a da luta pela separação entre a Igreja e o Estado. O trabalho continua por ser feito – e tornou-se planetário...

Daí o interesse de um pensamento laico pós-moderno, portanto pós-cristão. Em meio a uma biblioteca oportunista sobre esse tema, ver a obra de síntese de Henri Pena-Ruiz, *Qu'est-ce que la laïcité?*, Folio. Partidário de uma definição Terceira República de neutralidade tolerante, ele defende no entanto a idéia de que a laicidade são também os valores republicanos, uma política de justiça social, um espaço público real (p. 97); é difícil ver como ele pode defender esses valores e o monoteísmo que os contradiz essencialmente. Sua análise, correta, das seitas que ele exclui da tolerância laica – p. 98 – e dos "charlatães que prometem a felicidade barata e tentam submeter os homens a uma busca quase infantil de receitas e soluções prontas" – uma definição que me parece convir totalmente para todas as religiões sem exceção –, mereceria ser ampliada. O que contribuiria amplamente para a definição de uma laicidade pós-cristã!